新・斷捨離

斷絕不需要的東西

捨棄多餘的廢物

脫離對物品的執著

人生を変える　断捨離

山下英子 やましたひでこ——著

王華懋——譯

扔掉一件無用之物，就多出一點空間。

扔掉一件多餘之物，就免去一樣負擔。

扔掉一件無益之物，就恢復一絲清爽。

然後，你的人生將煥然一新。

前言

斷捨離不只是單純的丟東西

「斷捨離」掀起社會風潮，已經過了八個年頭。

這段期間，許多人透過書本、講習會和演講會，得知它的方法論，體驗到：

「斷」＝斷絕不需要的東西

「捨」＝捨去多餘的廢物

「離」＝脫離對物品的執著

身為「斷捨離」倡導人，對此我當然非常開心。這精簡的三個字居然能驅使如此多的人行動，令我驚嘆，同時也放下心頭大石：原來我一直私下懷抱的「篤定的確信」並沒有錯。

不過，儘管「斷捨離」三個字在社會上廣受認知，卻有許多人對它的認識僅止於「進行斷捨離之後，清除雜物，變得清爽」，我覺得非常遺憾、可惜。

因為，斷捨離的真諦並不在這裡。

清理雜物，只是「斷捨離」的入口而已。

塞爆衣櫃、餐櫥櫃、冰箱的無用之物、雜亂堆滿生活空間的雜物，也反映了自己並不需要的觀念、自責、自我否定的負面思考和感情。因此捨棄這些東西，便能解放自我、解放人生。

透過這個過程，**我們能夠得到「更高遠的觀點、更寬闊的視野、更深刻的洞察」，也就是得到俯瞰的思考力。能夠在真正的意義上，活在「自在＝忠於自我的自然」狀態。這樣的狀態當中，必定有著「愉悅」的你。**

本書將詳細介紹這個過程，但簡單來說，**「斷捨離」的目標就是「愉悅的生活方式」**。

「愉悅」——聽起來很棒對吧？無論人生正面臨多大的難題、工作上遇到多令人頭痛的煩惱，首先都要讓自己的心情保持「晴天」。我們總是喜歡自行創造烏雲遮天蔽日，把自己搞得烏煙瘴氣，但如果能學到如何讓心「放晴」，人生就能變得無比地明亮、快樂。

斷捨離要倡導的，就是如何避免烏雲發生，或是如何親手拂去那些已經出現的烏雲。

世上已經充斥著太多獲得成功與幸福的方法論，但斷捨離要追求的，是比成功或幸福更基本的「快樂」。

怎麼樣才能讓自己變得開心？不只是心態上的調整，而是要透過可見的物品來體會。

所以說，**「斷捨離」並非單純的清理物品。「斷捨離」還具有徹底刷新人生的力量。**

我將重點放在這部分，做為過往的集大成，寫下本書。這本書適合「聽過斷捨離，但不是很清楚它的內涵」的讀者，至於「我知道丟東西的斷捨離，但再多就不瞭解了」的讀者，希望可以透過本書再次複習清理物品的步驟，來親身體會「斷捨離」高深莫測的力量。

看完以上內容後，各位讀者對「斷捨離」有什麼樣的想像？一般人應該都覺得：

斷捨離＝清理雜物

或是：

把捨不得「丟棄」的東西也毅然決然丟掉，恢復清爽

以這樣的解釋來使用「斷捨離」一詞的人應該也不少。過去從來沒有這類語義的詞彙可以代替「丟棄」一詞，而「斷捨離」剛好可以填補這個空缺。或許也是有這樣的一面，但我一直以來所抱持的觀點是這樣的：

「斷捨離並非單純的物品清理術，
而是讓閉塞的人生恢復『流動』的方法。」

不只是我，有許多人透過斷捨離，不僅是空間，在工作、人際關係，甚至是人生，都體驗到驚人的變化，這是每一個人共同的感受。本書日文書名《改變人生的斷捨離》，也是體現這些變化的人發自真心的真實感受。

那麼，為什麼斷捨離會擁有如此深不可測的力量？

最近我終於找到了能夠表達其本質的詞彙。這也正是我撰寫本書的動機。它簡單到令人意外：

「出」

沒有「丟棄」那樣深的苦澀，但也不到「放手」那樣的灑脫。只是簡單的、中性的，自然而然的「清出」。

斷捨離，就是「出」的美學。

以人體為例，應該就很容易理解。

我們都知道，如果吃東西卻沒有排便，也就是便祕的狀態，有多麼痛苦。如果攝取食物，就必須消化、吸收能量，並且排泄，這是生命「新陳代謝」的原理和原則。

新陳代謝就是「生命的機制」。

有進，就要有出
有出，才能再進
然後，再次清出

如此單純的機制，卻具備莫大的力量，能夠：

- **左右人生**
- **提升「人生的新陳代謝」**
- **找回原有的生活方式，並得到更進一步的提升**

當然，改變會顯現在轉職、結婚、離婚、再婚、生產、搬家等何種形式，是因人而異。

仔細回想，我們的人生向來都是一連串的「加法」。幾十年來，任由各種資訊牽著鼻子走，不斷地添購各種物品。但這些物品隨著時間經過，不管在物理或精神上都變得過剩，現在已經成了亂源。

此外，一直以來我們所能得到的解決方案，就只有以塞進更多的物品、保管更多的物品為優先的「收納術」和「整理術」。我強烈地認為，活在現代社會的我們，在所有的地方及層面上，都由於這樣的「收納思考」，而被「多餘」、「過剩」和「惰性」壓得喘不過氣來了。

居家環境、工作職場以及人生，都是相似形。

住家、身體和心靈，也是相似形。

現在已出現「精簡過生活」的提案，也有愈來愈多的人意識到捨棄和減量的效用，但仍有許多人無法擺脫「先留起來再說」的「收納」魔咒，飽受折磨。

相對的，「斷捨離」則是不斷地去蕪存菁的**減法的解決方案**。

「斷絕」、「捨棄」、「脫離」都是減法的詞彙。

一直以來，我們都本能地、反射性地拚命添購物品、累積物品，但現在我們需要的是刻意的「減法」。

但「斷捨離」本身並不是目的。

透過執行斷捨離，以結果來說，物品自然會減少，但我也要特別強調，**「有出才有進」、「有進就要出」的循環才是重點，「出」與「進」是同等重要的。**

本書並非提倡簡單生活，也並非居家整理指南書。

最大的目的，是撼動我們根深柢固的「對物品的價值觀」，刺激行動，讓生活進行新陳代謝，促使人生出現變化。

邀您一同進行更深一層的斷捨離！

二〇一八年二月

山下英子

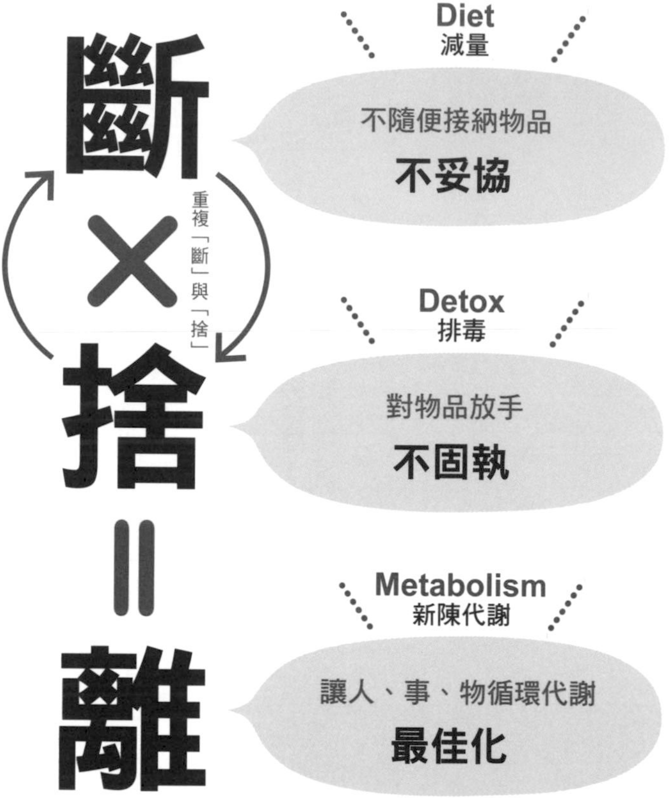

斷捨離的靈感來自於瑜伽的行法哲學「斷行、捨行、離行」，目的是為了放下心的執著，將瑜伽思想落實於日常生活，做為居家環境和心靈的整理術，加以應用、提倡。將物品「減量」，把不需要的事物「排毒」，來促進居家環境的新陳代謝。把充塞在居家環境的過剩物品「清出」，以恢復「循環」。

CONTENTS

第2章◆這就是斷捨離的機制

第3章◆斷捨離能改變人生

第4章◆斷捨離的愉悅生活提案

第1章
所以你沒辦法丟東西

我們生活在「物品氾濫的社會」。
首先必須再次認清這個事實，
瞭解自己「沒辦法丟東西」的心理，
重新檢視對物品的價值觀，
為展開斷捨離進行助跑。

陷在泥沼裡動彈不得的鯰魚

我們生活在物品氾濫的社會裡，成天嘆息「東西亂成一團」。這種狀況，斷捨離用魚來比喻，描述道：

原本棲息在清流，能夠敏捷游動的香魚，
淪為陷在滿是淤泥的泥沼中動彈不得的鯰魚。

想像一下這樣的自己：明明有出口和入口，卻棲息在塞滿了雜物和垃圾的泥沼中。

「這很划算喔！」「這很寶貴喔！」「這很方便喔！」「每個人都應該要有一個喔！」我們被這些甜言蜜語所惑，不小心將大量的物品買回家，淹沒了整個住處。

住在池中的我們，從「消費社會」這條大河不斷地接收各種物品。應該要在池子入口把關的「斷」的水門大開，出口「捨」的水門卻受到「好可惜」、「真麻煩」、「或許哪天會用上」等心態所阻礙，關得死死的。

結果原本應該要有適度水循環的池子，就成了一潭死水的「儲水池」，不知不覺間，竟成了「泥沼」、「臭水溝」。

也就是說，我們現在的住處就形同泥沼。

如果以身體為例，就是**代謝下降，體內累積毒素的狀態**。年齡的增長，或是不良的生活習慣，都會讓皮膚、血管、內臟慢慢累積各種老廢物質。這些老廢物質總有一天會引發「未病」（還不到生病的程度，但即將演變成疾病的狀態），最後發病。而且在出現明確的症狀以前，人們甚至很難去發現有這些老廢物質。

對於這種狀態，我曾經有過真實的體會。

那時候我在泰國接受「斷食&排毒療法」。當時我從嘴巴、皮膚、內臟等部位接受各種「排毒＝捨」的療程，所有的參加者都在短短一天以內，體重減少了二到三公斤。

我親眼目睹體內積滿了每天的代謝無法排乾淨、髒水般的老廢物質，就如同壁櫥平時看不到裡面，卻塞滿了大量的物品。

毒素徹底排淨時的爽快感，我到現在都無法忘懷。

我們居住在入口開放，但出口關閉的「儲水池」裡

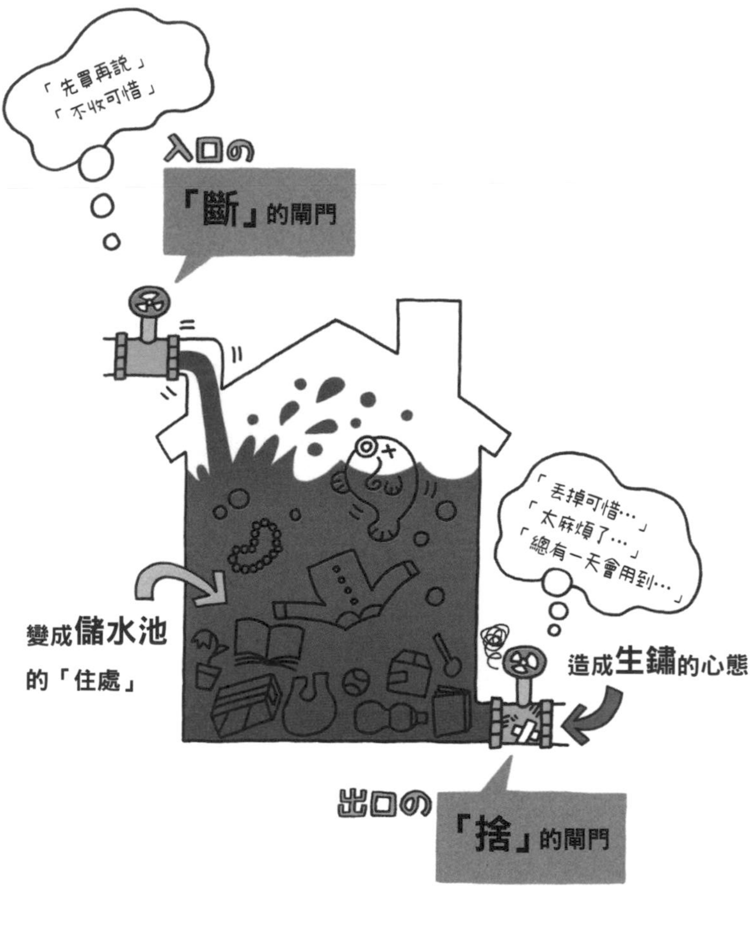

身體的話，可以像這樣從外側促進排泄作用，交給自然的機制。但家中的物品就只能親自動手，自力搬運出去，而且也沒有未病和生病這樣的分界線。

所以即使自認為理所當然的物量，有時候其實已經是等同於「生病」的狀態了。而且幾乎都是多到別說一天，甚至花上一星期都無法清理乾淨的量。

家中的泥濘，必須自己伸手下去攪拌一番，才能看得清楚。也就是說，除非打開衣櫃和抽屜，取出物品，否則都是眼不見為淨的狀態。

就像鯰魚會靜靜地待在死水上層清澈的地方，如果不打開收納，挖開堆積的雜物，我們依然照樣可以過活，毫無妨礙。

同時我們也會有這樣的疑慮：

萬一隨便亂翻，會不會連清澈的上層都被淤泥攪得一塌糊塗？

難得有心要動手清理，卻遭到家人抗議：「你是在愈搞愈亂！」發生爭吵，導致清理作業遲遲無法有進展。這種情況已經不知道上演過多少回了。

我們就這樣沒有意識到自己身陷泥沼，漸漸對現在的生活麻木不仁。

結果就是你現在所居住的「堆滿淤泥的儲水池」。

我們活在「東西會自己上門的社會」

目睹這種慘狀，我們會忍不住自責，但其實社會也要負相當大的責任。

我們之所以會囤積物品、無法捨棄，主要有三大原因：

● **消費社會中壓倒性的物量**

物品生產過剩、過度流通等物理因素。

● **對健全的居住空間缺乏充分的認識**

我們對裝潢、收納擁有豐富的知識和資訊，但是對於舒適的生活，適合的物量是多少，卻缺乏認識。

● **過時的價值觀**

生活樣式和物品的生產量都與過去截然不同了，卻擺脫不了父母或老一輩灌輸給我們的「不浪費」、「惜物」等價值觀，是觀念方面的因素。

消費社會殫精竭慮地鑽研要如何讓我們購買更多的商品。購物臺、廣告單、特價品甚至挖掘出我們「不存在的需要」，讓我們覺得那是我們一直渴望的東西。

當然，最後把東西帶回家的是我們自己，所以我們也有責任。但只要稍一不慎，「入口」的水門就會鬆開，一個不留神，衣櫃、洗臉臺底下、壁櫥，連地板都塞滿了物品。

「無法收拾」的根源

我們由於前述的三項原因，飽受大量物品困擾，但其實在根源之處，還有更為本質的原因。

這也是人類共通的原因。

自人類有史以來，物資稀缺的時代實在是太長了，導致我們一直是**「物品軸」**思考。根據某個地質學家分析，人類創造出來的人造物的總量，從住宅、馬路到一支手機，竟多達三十兆噸，簡直就是天文數字了，而且這些量幾乎都是二十世紀以後才出現的。在這之前的漫長時代裡，人們一直活在壓倒性的物資匱乏當中。

因此面對物品，我們習慣**把焦點放在物品本身**，以**「還能不能用」**的觀點來取捨，**而非去想「我需不需要」**。這就是「物品軸」思考。結果只要東西沒壞（或即使壞了），我們還是會捨不得丟掉，先留起來再說。

以前有位年輕的哲學家告訴我，「我們人傾向於去思考『有用性』，而不會去思考更基本的『必要性』」，這在物品方面也是一樣的。亦即「**明明將來（八成）不會用到**，

卻因為還能用，所以保留起來」。

人類帶著這種「物品軸」的思考，邁入了從未想像過的物品氾濫時代。即使說有約五百萬年歷史的人類，被這史無前例的重大變化的海嘯給吞噬了也不為過。結果在個人的住家，變成「化石」的喪禮毛巾、甚至忘了家裡有的暖桌組合、孩子小時候只用過一次的露營裝備等等，都深藏在壁櫥裡養灰塵。儘管如此，卻成日埋怨「住家空間太小」、「找不到要找的東西」。這就是我們物品過多的住家現況。

我們「煩躁」過頭，陷入了「憂鬱」

十五年前，我開始倡導「斷捨離」的時候，參加講座的學員都顯得煩躁不堪。

「小孩子整天亂丟東西，丈夫都不幫忙整理，每次都是我在收拾！」

「怎麼收都收不完，我都快瘋了！」

他們都非常憤怒（雖然實際上，有時候原因是自己囤積太多東西）。

然而我發現最近的講座，學員都顯得憂鬱無比，現場的氣氛也很沉重，幾乎每個人都沒什麼表情。

老實說，像十五年前的學員那樣氣呼呼的，或許還比較好。因為以某個意義來說，表現出感情也是一種發洩。

如果母親（妻子）發飆了，孩子和丈夫就能察覺「啊，她心情好像不好」、「現在先別惹她」，暫時離開避風頭；等到暴風雨過去了，再回到同一張餐桌，日子又能繼續過下去。

然而，**如果母親（妻子）處於憂鬱、沮喪的狀態，所有的家人都會被負面磁力拉扯，陷入相同的狀態。**

家裡堆著滿坑滿谷的東西。物品的壓迫感、空間的閉塞感一點一滴地糾纏上來，讓所有的人停止思考。我看過太多這樣的家庭，家中成員變成接近繭居族或憂鬱症的狀態。

由於社會對這類議題的關注，這幾年我有非常多的機會透過電視和雜誌採訪，參與這類家庭的清理工作。

現場真的超乎想像，怵目驚心。

有段時期，媒體經常報導「垃圾屋」，但這些住家與「垃圾屋」並不相同。是很普通的三至四口之家，其中也有屋齡才一、二年的新屋，但是才剛踏進玄關，我就被數量驚人的雜物給嚇住了。

對於該戶人家的成員來說，那已經成了日常的情景。但這類人家，大部分玄關的傘桶都插滿了約二十支相同的塑膠傘或折疊傘；廚房的抽屜，則是以收納率百分之兩百的狀態堆積著，根本沒機會使用，只是隨手塞進去的廚房用品、免洗筷、塑膠湯匙、保鮮膜和塑膠袋等。

你的家是否也像這樣塞滿了東西？

冰箱

每一層都塞滿食材，燈光沒辦法照遍每一處。

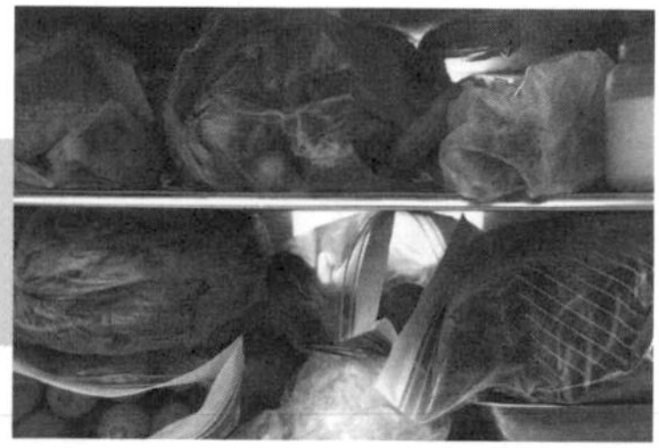

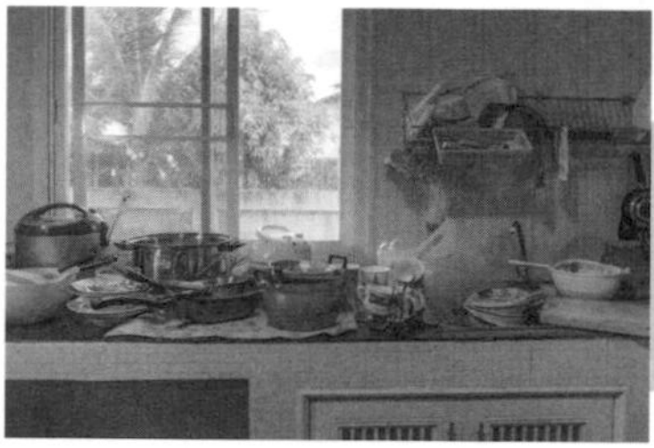

廚房吧檯

原本應該是用來遞送完成的餐點，現在卻成了雜亂的置物處，完全無法發揮應有的功能。

壁面大型收納

彷彿要壓迫到天花板的物量。美其名為「壁面大型收納」，但實際上多半淪為填滿物品的空間。

洗臉臺

多到鏡面收納櫃放不下的衛生用品。不光是各種電線纏成一堆，連住戶的思考和動線也都纏在一起了。

確實，這些東西或許都還可以使用，但塞在那裡的大量物品，從來沒有被重新檢視過將來是否真的需要。

此外，乍看之下似乎井井有條的住家，只要打開收納櫃，幾乎都塞滿了數量驚人的物品。而且連住的人都不知道裡面放了些什麼。因為只要把門關上，就眼不見為淨，生活可以照過。那已經不是「囤積」狀態，而是根本無法收納的「塞滿東西」的狀況。

但即使是這樣的家庭，也能因為一些契機，開始進行斷捨離。以下介紹一個實例。

經驗談1

由於自身的覺察，打開了「清理開關」

我在電視臺的家庭清理節目中，拜訪了一對七十多歲的夫妻，妻子名叫千惠女士（假名）。

「我們先討論一下節目內容。」千惠女士請我們到客廳，空間裡充斥著各樣物品，完全沒有收納可言。桌上擺滿了文具、調味料、茶杯、報紙、遙控器，地上雜亂地堆著喜歡手工藝的千惠女士蒐集的零碎雜貨、烹飪用品、密封容器等等。

丈夫的東西也不少，尤其是休閒嗜好的釣魚工具。房間角落雜亂地擺放著一堆釣竿，數量遠遠超過一個人能妥善運用的量。

做電視節目經常會遇到這種情形，首先遇上的是千惠女士近乎饒舌的辯解。「我太忙了」、「體力不夠」、「每一樣都需要」……報名節目的是千惠女士自己，她卻防備心十足。

相對地，丈夫在一旁悶不吭聲。抱著胳膊坐著的模樣，彷彿在說：「我可不丟，不是丟光光就好的。」

遇到這種場面，我都刻意避免進行「整理指南」。那麼，我會怎麼做？

我會默默聆聽他們的說法。對於他們無法丟掉東西的藉口，只是應和「這樣啊」、「就是說呢」。這樣的對話持續數小時後，我會說：「如果想留下來，不用丟掉也沒關係。」

結果千惠女士突然拿起旁邊超過十把的圓扇，說「根本不需要這麼多把」，開始丟起來。她把塑膠圓扇全部丟棄，只留下三把竹製的精緻圓扇。接著是丈夫拿出垃圾袋，說著「不需要這麼多呢」，丟掉自己的釣魚工具。而且後來他們也非常努力，令人驚嘆。

廚房架子上，層層堆疊著用來保存千惠女士的料理的大量容器，我認為這些東西要丟掉，門檻頗高，因此沒怎麼提及，只說「有可能掉下來砸傷人」。

結果呢？十天後我再去拜訪，原本堆積如山的保存容器只剩下一半了。這對我來說也是意想不到的變化，我忍不住稱讚：「千惠女士，妳真是太了不起了！」

我沒有進行任何整理指南，為何千惠女士夫妻卻會自行整理？他們說，一開始他們對我這個反對勢力的登場警覺心十足，但漸漸敞開心房後，就發現：「啊，我就是在找藉口而已！」

這就是千惠女士的轉折點。

在斷捨離當中，重要的是自行覺察，而不是聽別人冠冕堂皇的教訓。因為其實自己很清楚真正的答案是什麼。

就像我慰勞丟掉大量保存容器的千惠女士那樣，大大稱讚自己一番，也是很重要的。

像這樣有意識地卸下自責的情緒，就能坦然接受「其實這樣下去一點都不好」、「我想要改變」的心情，促成推動實踐的動力。

這樣的良性循環，會使斷捨離的速度一飛沖天。

斷捨離重視的是空間，而不是物品

斷捨離重視以空間為主的思考方式——「**空間軸**」。

也就是說，儘管「太多了所以丟掉」、「不用了所以丟掉」並沒有錯，但更重要的是「**為了維持舒適美觀的空間，將物品精簡到最適合的量**」的思維。這樣的觀點，是實踐斷捨離時不可或缺的關鍵。

斷捨離是「生活的新陳代謝」。物品維持在妥善的數量，與自己維持活性關係的物品在恰當的時機汰舊換新，這才是理想的狀態，也是原本的自然樣貌。這樣的狀態，也才是具有餘裕的美好空間。

然而，如果全以「物品軸」來思考，就會變成「東西還能用」，完全找不到任何丟棄的正當理由。

儘管我對這樣的「物品軸」思考提出警告，但坦白說，其實我現在依然偶爾會陷入「物品軸」思考。

前幾天，去外國出差的朋友送了伴手禮給我，裝伴手禮的盒子是布製的，造型非常精美。因為太精緻了，我忍不住把它收進衣櫃裡面。

然而幾天以後，我猛然回過神來。捨不得丟掉買名牌衣物鞋包時附贈的紙袋，蒐集了一堆，這是每個人都會做的事，而我居然也做出了相同的行為。

當然，保留一些盒子和袋子無可厚非，但那時候的我完全沒想到那麼多。那完全是條件反射式的行動：「精美的盒子↓保留」。

那個盒子如果換算成價格，應該頂多幾百圓日幣吧。然而我卻沒想到「我並不需要這個盒子，應該把它處理掉」，而是理所當然地把它送進衣櫃裡存放。

也許物品上都沾滿了看不見的「強力膠」。

沒辦法去想「我應該用不到，所以不需要」，即使想要丟掉，也覺得舉步維艱——這是心理上的重量，也是名為「執著」的強力膠。只是對物品的依戀而已。

有人將住處的收納占比換算成房租，這些根本不用的物品在家中存放幾年、幾十年，如果把它們所耗掉的房租金額與物品本身的價值相比較，一定會令人頭昏眼花。但我們卻無法輕易認同這種換算方式的合理性。

這種傾向最容易顯現在衛生紙和保鮮膜等日常用品的囤貨上。這類物品並不昂貴，以價格來說不算什麼，但我們卻會囤上一堆這類日常生活中「總有一天應該會用上」的物品，將收納空間徹底填滿。

住家內外的自我落差造成痛苦

塞在衣櫃深處，根本不會再穿的各種衣物。雖然不是電視劇《大奧》的世界，不過有人把它形容為「無人寵幸的側室」，我覺得妙不可言，彷彿可以聽見衣服的唏噓：「為什麼你老是穿別件，什麼時候才會眷顧我？」

換成另一種說法，**「沒人穿的衣服」**與物主的關係性，**散發出「非活性能量」**。**如果每天呼吸瀕臨塞爆的衣櫃汨汨流出的非活性能量，物主當然也會變得混濁。**住在這種充斥著非活性能量的房屋裡，就會不願意長時間待在家裡面。

為這種荒廢、沉澱的住家煩惱的人當中，有許多都是在外頭精明幹練的菁英女強人。**在外表現備受肯定，然而回到家面對的卻是一團亂的空間，這樣的落差令她們痛苦不堪。**外出時全身行頭都是高級名牌，住處卻由於大量的雜物，亂得像貧民窟。這種教人笑不出來的笑話比比皆是。

我還聽說過因為實在不敢讓別人看到住處，連四年一度的天然氣定期檢查都假裝不在家，或是「朋友突然來訪，只好把散亂一地的東西全部扔進浴缸裡蓋起來」。

但是，這樣的行動應該也讓本人非常痛苦。

也有不少人為了逃避雜亂的住處，一頭栽進宗教世界。

這樣的人無法抵抗「愛」、「光明」、「淨化」等悅耳的字眼，藉由投入這樣的世界，想要提高自我肯定感，但如此一來，反而會與現實漸行漸遠，只看到想看的東西，就如同活在幻影的世界裡。

但是斷捨離可以讓人脫離這樣的幻境。以下就是個實例：

經驗談 2

擺脫髒亂住處後，邂逅了真命天子

三十多歲的洋子小姐（假名），表面上給人的印象是明朗快活、在職場上活躍的職業女性。

然而她的住家卻髒亂不堪，令人不忍卒睹。房間裡堆滿了工作使用的大量資料，搬進來以後，紙箱完全沒拆，堆在一旁，床邊則是放滿了她私底下沉迷的占卜和心靈學書籍。

她交往的對象，都是比她年長、社經地位不凡的男性，不過全是已婚男子。她的住家和戀愛，共通點就是「見不得人」。

她一直心想「總有一天要大掃除一番」，然而每次回到家，就彷彿被沉重的磁場拉扯住，動彈不得，只能懶散地喝酒、抽菸，把窗戶緊閉的房間搞得烏煙瘴氣……洋子小姐說，「如今回想，簡直就像住在鴉片窟裡。」

然而有一天，她得到了一個機緣。

洋子小姐在朋友邀約下參加講座，認識了斷捨離的概念，立刻理解到「丟棄雜物，打造舒適的生活空間，才能改變人生」。因為她聯想到外表開朗活潑，內在卻懷抱著深刻的煩惱，而且不為人知地住在垃圾屋的自己的境況。

於是洋子小姐花了約三個月的時間，清理掉各種雜物。她清出來的垃圾量，多達一輛二噸卡車。

後來沒有多久，她便認識了一名年紀相仿的陽光青年，與過去交往的類型截然不同，兩人的感情很自然地發展，開始「拜訪彼此的住處」。

男友進房間以後，居然立刻無意識地脫下了襪子。他在從來沒有別人進來過的洋子小姐的住處，彷彿把這裡當成自家，極為自在。後來兩人很快就結了婚，也生了孩子，現在她成為家庭主婦，在地方都市悠閒地陪伴小孩。

洋子小姐捨棄大量的物品，得到了適合「真正的自己」的伴侶，共同經營快樂的生活。

「捨不得丟的人」有三種

前面，我們探索了人們如何受到「物品的量」所困擾，以及造成囤積的根本心理，接下來要更詳細地探究「沒辦法丟東西」的心理。正視物品的量之後，接下來要正視自我的心理。

我長年關注物品與人的關係，發現埋怨「我沒辦法丟東西」的人，有以下三種：

● **逃避現實型**：這一型的人工作忙碌，在家時間短，便理所當然地把維護居家環境的工作延後。由於家中亂成一團，因此更不想待在家，陷入惡性循環。

● **執著過去型**：這一型的人會珍惜地收藏以前的相簿、信件等昔日的遺物和紀念品。這樣的人不願意面對現實，同時也反映出內心對昔日幸福時光的執著。

● **擔憂未來型**：這一型的人總是害怕「沒有就麻煩了」、「擔心會用光」，把精力投資在未來可能會發生的不安。三種類型裡面，這一型的人最多。

「捨不得丟東西的人」有三種類型

逃避現實型

由於忙碌，很少在家，因此無法面對家務整理的類型。也有些人是因為對家庭不滿，不想待在家裡，而故意把自己搞得很忙。此外，也容易陷入因為家裡很亂，更不想待在家的惡性循環。不過一旦開始丟東西，由於對物品本身並沒有太大的執著，因此能毫不手軟。

執著過去型

會把現在未使用的過去遺物保存起來的類型。把相簿、獎盃等當成寶貝保存，有時也包括信件、照片等日常回憶物品。許多時候都反映了對昔日幸福時光的執著。由於不願意面對現實，在某個意義上，與逃避現實型有相通之處。

擔憂未來型

為了消除未來可能發生的不安，將精力投資在避險的類型。把焦點放在「萬一沒有就麻煩了」、「擔心會用光」，過度囤積衛生紙等日用品。這樣的未雨綢繆適度發揮是很好，但如果過了頭，日常生活便會充滿不安。

這三者的共通之處，**就是對時間的意識稀薄**。

每個人對時間的感受原本就不同，但有時我們會嚴重失衡，導致時間軸偏離。

此外，雖然我舉出三種類型，但這三者並非涇渭分明，而是**每個人心中都有這三種要素混合存在**，只是強弱程度不同。

因此理解「自己在這三種類型當中，哪一種傾向較強」，便能加深自我理解，更容易開始斷捨離。

「捨」和「棄」不一樣

「執著過去型」的人，口頭禪是「太可惜了」。
這句話也用來表現惜物精神，但更多時候，是被拿來當成逃避丟東西的赦罪券。
我們平日漫不經心的使用「捨棄」一詞，但它是由兩個字所構成的。

「捨」
「棄」

佛教裡有「喜捨」（捐贈財物給寺廟或窮人）一詞，「捨」有「施捨」之意，也就是將自己無法物盡其用之物，送到別的地方，使其發揮最大功能。
這或許會讓人聯想到資源回收或廢物利用，但從更宏觀的角度來看，即使是送進焚化爐，只要遵守規定處理，物品雖然做為物質的形姿改變了，卻也同樣是在這個世界上繼續循環。

相對的，「棄」是「廢棄」的「棄」。

亦即維持著物品的樣貌，不受眷顧，遭到棄置的狀態。遭到「非法投棄」的垃圾就是簡單易懂的例子。

不過，你的家中是否也有遭到廢棄的物品？根本不會用、形同雜物的東西被不經意地棄置、保管的話，和被投棄在家中根本沒有兩樣。不同之處只在於是丟在家裡，還是外面而已。

斷捨離最擔憂的就是「棄」，但「捨」則被視為一種手段。

因為「捨就是清出」。

確實，一時之間可能會出現大量非丟掉不可的物品。但為了找回健康而美好的空間，並且在真正意義上珍惜物品和生活，把物品精簡到能與自己維持活性關係的量、去蕪存菁，是絕對必要的。只是漫不經心地保留物品、棄置物品，才是真正的「可惜」。

「捨」去物品的作業，確實令人難受。

過程中甚至會憤怒不已：「我怎麼會買這種東西啦！」

也會流淚痛下決心：「我再也不會買這種東西了！」

但請記住，接下來的作業，絕對不是「棄」，而是為了找回自我和物品的關係，逐一檢視、自省，將之捨去。捨，就是面對自我。

以長遠的目光來看，不管是物品還是人，都是在某個時刻誕生在這個世上，有朝一日會消逝的生命。雖然每一段生命都不同，可能稍縱即逝、或長或短，但盡全力去珍惜這短暫的緣分，才是真正的「惜物」實踐。

有「得的自由」，也有「捨的自由」

讀到這裡，或許有些讀者會反思自己的住家，感到芒刺在背。這正證明了我們對於「捨去」物品有著根深柢固的排斥觀念。但斷捨離會受到社會大眾的認同，亦顯示出有許多人想要掙脫潛意識裡拒絕「捨去」的魔咒。

原本我們應該擁有以下三種自由：

- 捨的自由
- 不捨的自由
- 取捨選擇的自由

推出第一本斷捨離書籍時，我的部落格收到了以下的留言：

「賣弄詞彙，說什麼斷捨離，其實不就是在叫不會整理的女人把東西丟掉罷了？

浪費！」

坦白說，這則留言讓我不是很舒服，卻也感到萬分同意。因為實際上就是這麼一回事。

對於煩惱不會整理的人來說，尤其是自稱「不會整理的沒用主婦」，要恢復到物品精簡的清爽住處狀態，眼前就擺著「只能把多餘的物品丟掉」的不動如山事實。

社會認為，女人就理當要會做家事，導致許多女性認定不會「整理」的自己是「沒用的主婦」，同時比起男性，許多這樣的女性都在無意識當中被「物品軸」思考綁架得動彈不得。

但當她們透過「斷捨離」，發現對物品「取捨選擇的自由」掌握在自己的手中，就會開始行動，丟掉多餘的物品。

因此我想再次把以下這段話送給接下來想要執行斷捨離的讀者：

如果不想吃了，
如果已經飽了，
不用繼續吃也沒關係。

因為吃飯是自己的事。

如果不想穿了，
如果覺得膩了，
不用繼續穿也沒關係。
因為那是自己的衣服。

值得慶幸的是，今天的日本社會，這些都是可以實現的。想要的東西，大抵上都能買到，如果不要了，隨時都可以放手。即使如此，卻不知為何，事情並沒有那麼容易。人們就是會千方百計找理由把東西留在手邊，編派出種種道理，就是不願意丟掉。為什麼？

因為在乎家人的眼光？
因為在乎他人的眼光？

以前和公婆同住時，對於我想丟掉的東西，他們會說「太可惜了」，不肯讓我丟掉。這時候我清楚地瞭解到，想要卻得不到固然難受，但應該要丟掉的東西卻不能丟，一樣痛苦。

或許看起來有點偏題，但每個人在嬰兒時期，都是想哭就哭，想喝奶就喝奶，想排泄就排泄。不管是進還是出，都沒有任何限制。

然而隨著成長，想要永遠喝下去的奶卻被斷奶，尿布被拿掉，連排泄的時間也必須自行控制才行。我們就這樣被丟進「限制的世界」裡，小小的身體堅強地在無意識當中不斷地忍耐、成長。

幼兒有幼兒自己的、青少年有青少年自己的，無數的小小的限制和拘束，現在我們雖然不知不覺間淡忘了這些，但其實心靈深處依然深深刻劃著這些限制。

亦即，我認為**住處裡「丟不掉」的物品積累，所反映的是人類「物品軸」思考的傷痕，也是無意識中「不能排放」、「不能自由」的自我設限的歷史。**

可是，我們不再需要這樣的拘束了。

你手上的東西，如果你覺得已經不需要了、不合適了、用起來不舒服了，你可以自由處置沒關係。不需要對任何人客氣，也沒必要對物品講道義。

順從自己「想要」的心，也順從自己「已經不需要了」的感受，然後付諸行動。

最起碼自己的東西，就憑自己的意思自由處置吧！

第2章 這就是斷捨離的機制

那麼，具體來說，該怎麼做才好？
透過八個訣竅和五個收納指南，
瞭解斷捨離的機制與「捨」的效用，
刷新對物品的觀念，
就會「迫不及待想要丟」了。

斷捨離就是丟東西

以前進行「居家清理前／後」採訪的雜誌編輯對我說：

「斷捨離只要看過書，瞭解它的原理，自然就會動起來，想要丟東西。我第一次遇到這樣的整理術。」

那位編輯說，一般家庭的「清理前／後」的採訪過程，都是採訪對象聽從指導員的建議，一個指令一個動作。但斷捨離單元的採訪對象只要讀了書，立刻就能抓到要點，自行發動「幹勁引擎」，因此即使指導員不在場，照樣能夠進行採訪。

得知斷捨離的機制，瞭解丟東西的效用，刷新對物品的觀念，我們的身體就會自行活動起來。事實上，許多人說他們得知斷捨離的概念以後，都「迫不及待想要大丟特丟！」

那麼，接下來就要上緊各位的「幹勁引擎」——哦，不，是「幹勁發條」。如果發條鬆了，再重新上緊就行了。斷捨離就是這個過程的重複。

本書開頭我提到「斷捨離並非單純的丟東西」，但這裡要刻意反過來說：「斷捨離就是丟東西。」

更精確地說，是「為了找回健全的居住空間，一開始無論如何都必須大量丟棄」。也就是說，它有個系統性的程序。

丟東西有它的一套步驟。

此外，斷捨離在丟東西的同時，也會同時清理腦袋，也就是思考。透過這個過程，就能逐步「改善體質」，不會再反覆囤積又大量丟棄物品。

比方說，「為了減肥」、「為了美容和健康」而控制飲食，排出了宿便，但如果要持之以恆，就必須深入思考「往後我該攝取什麼樣的食物才好？」「為何過去我的飲食那麼不健康？」否則一定又會重蹈覆轍，變回原本不健康的身體。

瞭解以上的前提後，接下來我將依照以下的次序進行說明。

思考的斷捨離

1. 認清現狀
2. 停止自我否定

3. 描繪出明確的住家願景

物品的斷捨離

1. 取出全部的物品俯瞰
2. 「怎麼看都是垃圾、雜物」的東西就丟掉
3. 意識到重要軸、時間軸和關係性並放手
4. 依「需要、合適、舒服」來去蕪存菁
5. 收納必須等到物品完成最佳化後再來進行

收納指南

1. 「三分法則」
2. 「七、五、一法則」
3. 「一出一進法則」
4. 「一個動作法則」
5. 「自立、自由、自在法則」

斷捨離重視從「物品的斷捨離」及「思考的斷捨離」這物心兩方面同時進行。雙軌並進，可以加速清理的進程，也能讓思考變得清明，促進良性循環。或者說，同時進行，才有可能得到這樣的效益。

物品的總量減少之後，才能進入「收納」的階段。

思考的斷捨離①

認清現狀

「思考的斷捨離」目的在於實際對住處的物品斷捨離時，先拋開可能打擊幹勁、讓人停手的負面思考和觀念。

決定「我要來斷捨離！」時，我們首先必須要做的是什麼？

那就是將壁櫥、櫥櫃等平常關起來的「看不見的收納」全部打開。

拉門式的壁櫥，只是打開一側還不夠，必須把兩側的拉門全部拆下，整個開放。同時，不是僅從外觀查看有什麼東西，而是要確實掌握裡面收納的物品總量。

這最初的認清現狀的步驟非常重要。因為倘若沒有掌握住處積存的物品總量，就貿然動手，只會因為物品數目超乎想像而做白工。

那麼，為什麼認清物品的現狀如此重要？

因為我們人的天性，是「對不想看到的東西視若無睹」。如果說「不想看到塞在壁櫥深處的東西」、「不想看到電視機後面應該已經堆了厚厚一層的灰」，讀者們應該心裡都有數吧？

對於我們的生活環境裡，物品有多麼地氾濫，我們幾乎毫無知覺。譬如說，一個沒有登山經驗的人，毫無預備知識和工具，卻突然說要挑戰「攻頂富士山」，根本就是有勇無謀。但是在居家整理的現場，卻會發生相同的現象。

所以初學者應該要做的事，是瞭解攻頂的距離和時間、準備必要的工具，並規劃登山路徑。應用在居家整理上，就是掌握住家物品的總量、物品氾濫的現狀。

如果要登山，這些都是理所當然的準備，但為什麼整理住家的時候，我們卻無法預先規劃？因為我們都習慣把整理當成「每個人都會的家事」。

然而現狀卻沒這麼容易。

每個人家中的物量，應該不是「每個人都能處理」的量，而且收拾整理需要高度思考。此外，「家事＝應該要做的事」的觀念根深柢固，更助長了「被迫去做」的感覺。結果就陷入了「明明看到了，卻視而不見」的狀況。

認清「物量」與空間的「質」的現狀

亂

物品不在收納空間裡，當前正在使用的東西散亂在周圍的狀況。只要用完放回原位，就能輕鬆整理好。

滿出來

東西取出後未歸位的狀況。即使想要放回收納空間，但物品數量早已超出能收納的量，因此無法進行收納。

堆積

「滿出來」的狀況長期持續，物品堆積起來，變成一層又一層的狀態。實際使用、知道有哪些東西的，就只有上層。底下是無意識、無自覺的混沌狀態。

斷捨離分三個階段來評估住家的現狀：

- 物量可以輕鬆放入收納空間，只是剛好「很亂」而已。
- 收納空間已經容納不下，物品「滿出來」了。
- 物品已經是經年累月地「堆積」在那裡。

掌握「量」的現狀之後，接著要來評估居住空間的「質」是在哪個等級。

如果從住處清除掉垃圾／雜物的狀態是「境界線」，那麼境界線以下的層級，就像是「陷溺在物品的大海中」。

但我們的住處幾乎都是處在境界線以下的狀態。

長年深陷在垃圾的「取捨層級」，導致提不起勁、鬱悶而無法付諸行動的人，借助朋友或整理業者的力量，暫時讓環境恢復到「境界線」層級，也是很值得考慮的選項。唯有呼吸到「地上」的空氣，體驗到那種舒適，才會萌生出「生活在空間」的意識。

簡而言之，不嫌低俗地形容，就是無法自力排便時，可以服用強力瀉藥，或求助外科手術。

有許多人都是「瞭解到清出的痛快之後，接下來就能自力進行斷捨離了」，因此我要大聲疾呼：

「總之，先從垃圾、雜物的泥沼當中爬出來吧！」

思考的斷捨離②

停止自我否定

許多女性認定自己是「不會整理家務的廢物」，陷入自責的思考迴路。這是因為把「整理家務」當成「每個人都應該會做的家事」，才會將「是否會整理家務」視為能力問題。

相對地，許多男性則中性地認為自己「只是不整理而已」，其中不會帶入個人情緒。

也就是說，**女性原本就已經深受「住處亂糟糟的現實」傷害，現在又加上了「我這個不會整理家務的廢物」的自責、自虐，形同在傷口上撒鹽。**

另外，許多職場女強人會陷入完美主義的陷阱。

她們在職場呼風喚雨，住處卻亂得像垃圾場，這樣的落差令她們痛苦不堪。明明希望家裡也和在職場一樣完美，卻做不到。

落差愈大，她們愈會想：

「得想想辦法才行……」

「這樣下去不行……」

會變本加厲地更加自責。

覺察這種自責的思考傾向，停止自我否定，也是思考的斷捨離。

我要重申，我們原本就活在物品和資訊氾濫的社會裡，而且又沒有該如何與物品共處的明確指標，物品當然會愈積愈多。

因此請務必認清，這絕對不是你一個人的責任。

思考的斷捨離③

描繪出明確的住家願景

為大量物品煩惱的人，會因為想要設法解決眼前的東西，陷入「必須整理才行！」的強迫觀念。結果買了一堆整理術的書籍並實踐，卻都無法持久，又買了別的書……就這樣不斷重複，陷入視野變得極為褊狹的狀態。

這時應該暫時停下腳步，思考一下：

說到底，我們的目的是「整理」嗎？

我們真正想要得到的，應該是「住起來舒適的居家空間」。那麼「整理」應該只是它的手段。

因此應該要優先去做的，是釐清你的願景，「想要在整理後的住處，過著什麼樣的生活？」

●擺飾著北歐風格雜貨及白木家具的簡單空間
●被亞洲風格的織布及藤製家具圍繞的異國風格空間
●以工作為先，講求功能的時尚空間

諸如此類，有多少人，應該就有多少種「嚮往的居家空間」。但遺憾的是，大多數的人對住家的願景都模糊不清，也有不少人甚至忘了該如何去想像願景。這種情況，可以在「捨棄物品」的過程中，透過物品來重新檢視自己的願景，描繪出住處明確的樣貌。如此一來，朦朦朧朧地，應該就會像這樣浮現各種想法：

「這麼說來，我以前很嚮往寬敞的空間。」
「我想要重視的是與家人的關係，而不是效率。」
「我完全沒發現自己心目中理想的住處，和現實南轅北轍。」

如此一來，便可以重新回到「我想過什麼樣的生活」的原點，並成為實踐斷捨離的原動力。

物品的斷捨離①

取出全部的物品俯瞰

完成三項思考的整理後，接下來要介紹實際丟東西時應有的觀點。

認清物品氾濫、物品堆積的收納現狀後，將物品全部取出來，擺在地板和桌面等平面上，俯瞰全體的量。

第一步是「**取出**」。

不管是餐櫥櫃也好、壁櫥也好，平日我們都把收納其中的物品視為「面」，但這樣是看不到裡面的東西的。實際上找東西時會花費那麼多時間，原因就在這裡。藉由取出物品，可以逐一檢視每一樣東西，將它們視為「立體物」。

這時必須注意的是，**愈是初學者，愈容易卯足了勁從「大敵」開始攻打，結果落得與海量的物品纏鬥、無法在預定時間內結束的下場。**

就像是從最掛心的「不想丟掉的東西」、「特別執著的東西」開始著手。在還不習慣斷捨離時，難免會忍不住立下超出能力的目標。

不過，初學者一下子從一整面壁櫥開始斷捨離，面對那超乎想像的物量，只會灰心喪志，沒辦法在預定時間內結束，收不了場，反而把環境搞得更亂。

因此，從能夠在預定時間內完成的小單位著手是很重要的。以壁櫥來說，就是「下層的一個收納盒」；若是櫥櫃的話，就是「一層」。單位愈小的話，把東西取出攤開到平面的作業也就愈不費工夫。

只要持續進行小單位的斷捨離，總有一天一定能完成大單位的斷捨離。

物品的斷捨離②

「怎麼看都是垃圾、雜物」的東西就丟掉

在斷捨離中，住處裡大量的物品，要用以下三種「篩子」來進行取捨。

- 「怎麼看都是垃圾、雜物」的東西就丟掉
- 把重點放在自我軸、時間軸、關係
- 依「需要、合適、舒服」來去蕪存菁

第一個篩子，是「怎麼看都是垃圾、雜物」的東西就丟掉。

用食品來想就很簡單了。如果將冰箱裡的東西全拿出來放到桌上，看到過期的生鮮食品，或還沒過期但不想吃的東西，你一定會立刻丟掉。相同的思維也可以應用在物品上。

從攤開在地板和桌上的物品，找出壞掉的、髒掉的、不能用的、早就忘記的、已經沒用的東西，從這些丟起。

如果有因為還能用而令人猶豫不決的物品，就自問：「這東西是還能用，但『心的賞味期限』是不是已經過了？」

追根究柢，就是這樣東西對自己來說，是否依然「美味」？把「不美味」的東西全部丟掉就行了。只要瞭解這一點，丟東西的速度應該就會更快。

簡而言之，垃圾或雜物就等同於「**被遺忘的東西**」（遺忘物品）。你甚至早就忘掉自己擁有這些物品了。這些東西對現在的自己來說，實際上都是「可有可無」之物。衣櫃裡、關起來就看不到的收納空間裡，都塞滿了許多這類物品。

經濟學裡有個概念叫做「帕累托法則」（Pareto principle）。

其內涵是「公司有八成的業績，是由兩成的員工所創造」、「工作有八成的成果，是由兩成的工時所創造」，也稱為「八十／二十法則」。

相同的現象也發生在整理的現場。

也就是「**住處裡有八成的物品是被遺忘的，目前自己所活用的物品僅占兩成**」。如果有平常不怎麼打開的壁櫥或抽屜，裡面遺忘物品的比例甚至可能超過八成。

在斷捨離中，把這些被收納的遺忘物品形容為「**塞滿了『不認識的歐吉桑』**」。

家裡有沒有大量的不認識的歐吉桑（遺忘物品）？

自己甚至忘了買回來過的物品、雜物。
收納空間裡是不是擠滿了這類東西？

這些可不是單純的歐吉桑。你家的「不認識的歐吉桑」井然有序地居住在衣櫃、壁櫥、隙縫收納、牆面收納、床下收納空間裡。

之所以說「不認識」，是因為他和現在的你毫無瓜葛。你們只是在過去的人生當中，短暫地萍水相逢。

或許你們打過招呼，或許還一起喝過茶，但如果那個大叔問：「你認識我嗎？」你卻對他毫無印象。在你的家裡，有沒有這類讓你想問「你哪位」的物品？

此外，「家中充滿遺忘物品」，就像隨時處在客滿的電車裡一樣。或是原本應該可以放鬆休息的家中，卻有許多「不認識的歐吉桑」站在客廳裡、廁所裡、廚房裡。

而且這些「不認識的歐吉桑」不會說話。他們不管再怎麼憋悶，都不會叫苦，只是默默地彼此推擠。

收納空間裡就是這樣的情形。

這些「不認識的歐吉桑」，只能以適合的方法請他們離開。

以這樣的觀點去俯瞰住處，應該就能明確地看出應該丟掉的東西了。

物品的斷捨離③

意識到重要軸、時間軸和關係性並放手

第二個「篩子」是「重要軸」和「時間軸」。其實這正是斷捨離的重中之重。理由是：

- 依這樣的觀點對物品進行取捨，就能瞭解自己、愛上自己
- 能學會把焦點放在物品和自己的「關係」來思考
- 能看清物品隨著時間變化，與自己的關係的變遷

下頁圖的橫軸是「重要軸」，縱軸是「時間軸」，中央部分的重要軸是「自我」，時間軸是「現在」。也就是說，「對現在的自己重要的物品」就在這裡。但我們總是忍不住像圖解的對話框那樣，重要軸變成了以「他人」的價值觀為準的「他人軸」，或是偏向以「物」為主體的「物品軸」。此外，我們也經常執著於過去，覺得「或許總有一天會需要」，對未來感到期待與不安。

篩選物品時，關鍵是「重要軸」與「時間軸」

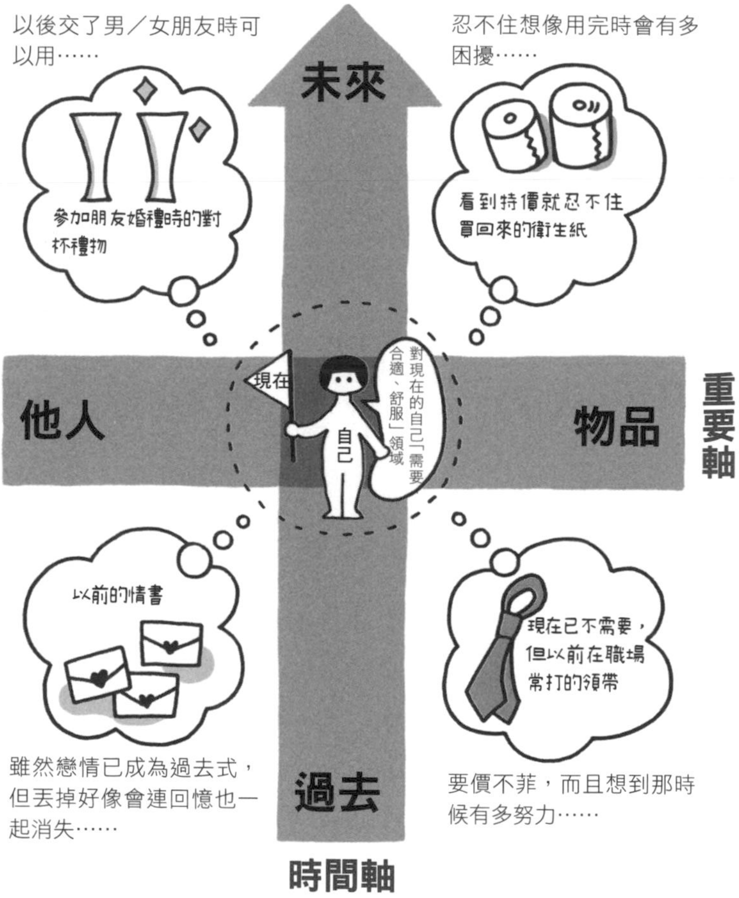

清除掉垃圾和雜物以後，基本上只要根據這兩個軸來對物品進行取捨，就能去蕪存菁，只留下「現在」的「自己」所需要的物品。

比方說，如果我把戴了十年以上的心愛的眼鏡送給你，說：「這副眼鏡非常棒，給你戴。」你會使用嗎？每個人視力不同，品味也不同，所以你當然不會拿來戴。就像這樣，如果是眼鏡，就很容易做出「現在」、「自己」的判斷。

但這副眼鏡也並非完全不能使用，而且如果是有名牌商標的眼鏡框，或許還會覺得棄之可惜。

我們會因為「人家好意送給我，拒絕太失禮」、「又沒壞，先留著好了，而且是名牌貨呢」，而做出收下、保留的選擇。這正是偏向他人軸與物品軸的狀態。

同樣的情形，也發生在超商拿到的免洗筷、婚宴收到的不合自己品味的對杯。你的家中是否有一堆這類「不會想要積極使用的物品」？

依「重要軸」挑選物品，「我是否想要使用」決定一切。

這是「我需要的眼鏡」嗎？還是「這副眼鏡還堪用」？問題就在於主體是哪一方。

像這樣對物品去蕪存菁，就能漸漸看清原本輪廓模糊的「對自己真正重要的事物」。

於是更加「瞭解自己」、「愛上自己」，自我肯定感也就自然提升了。

此外，受到父母、配偶、學校老師的價值觀影響而接受的事物，也是依據「他人軸」所做出來的選擇，而且這些價值觀幾乎都是潛移默化，變得好似自己原有的價值觀。透過對物品進行取捨的過程，也能夠覺察到這類不知不覺間潛移默化而來的他人價值觀。

當然，即使是別人的價值觀，如果是自己主動吸收的，就沒有問題，但有時這些價值觀會造成不好的影響。把這些價值觀和觀念，連同物品一起「卸貨」一次，如果不再需要，就逐一捨棄。順從內心對這些價值觀的質疑，也是斷捨離重要的過程。

然後，**「時間軸」是「現在」**。

請重新回顧一下四十二頁介紹的「『捨不得丟的人』有三種」。其實這三種類型有一個共通點，就是**沒有活在「現在」**。「太可惜了」、「或許有一天會用到」的心態，都是只想到過去或未來，逃避去面對現在。亦即「現在」成了一片空白。

當然，有些東西的使用頻率本來就不高，像一年只會用到一次，或婚喪喜慶時才會用到，但比起頻率，**重要的是從物品與「現在」的自己的「關係」是否依然存續的角度去檢驗。**

這「關係」也是很重要的一點。

「物品」和「我」的關係是活的嗎？

我們很難避免去關注物品的利用價值或角色，但物品唯有在與我們建立起活生生的關係時，才能發揮「活用價值」。

舉例來說，不管再怎麼美味的料理，如果當下肚子很飽，就不會覺得「好吃」。**物品與自己的關係會隨著時間變化。而且即使是同一樣東西，價值也是因人而異，關係亦不相同。在與所有的人、事、物建立起關係時，這是很重要的大前提。**意識到這一點，就能明確地看出「需要、合適、舒服」的物品，也能避免用單純的對錯、善惡去評斷人、事、物，萌生出尊重他人的意識。好好地去面對物品，就可以認清自我軸，並為人際關係帶來變化。以下便是一個實例：

經驗談3

找回自我軸，成功丟掉大量碗盤

幸女士（假名）長年持續進行斷捨離。衣物她可以輕易丟棄，嚴選心愛的服裝，然而餐具類的斷捨離卻遲遲難有進展。飯碗、湯碗、茶杯、盤子、小缽、咖啡杯、水杯等等，陳列著形形色色碗盤的餐櫥櫃雖然很壯觀，但幸女士卻說：

「沒有一樣是我中意的。」

其實，這些碗盤全是婆婆送的，而且幾乎都是婆婆自己收到的禮物。婆婆應該也是藉由把這些碗盤送給幸女士，來轉移責任。婚喪喜慶、中元、年節收到的各式餐具塞滿了餐櫥櫃。但由於每一樣都還堪用，品質也不差，幸女士也從來不曾興起「丟掉」的念頭。這段期間長達二十年。

後來幸女士終於立下決心，面對餐櫥櫃。

拿出那些宛如婆婆強加於人的善意的碗盤，她發現原本潔白的櫃子髒得不得了。她把全部的碗盤拿出來，開始擦拭櫃子，淚水自然而然地流下臉頰：「抱歉讓你變得這麼髒。」

對每一樣碗盤都不中意，也不曾擦拭過餐櫥櫃的幸子女士，怎麼會流淚？因為她發現，她想著「婆婆是好意送給我」，一直以別人為基準，卻犧牲了自己。對餐櫥櫃說的那句「抱歉」，不僅代表了這瞬間她與婆婆的關係已重新來過，也是在向一直把軸心放在「物品」和「他人」的自己道歉。然後，幸女士終於能夠丟掉大量的碗盤了。

物品的斷捨離④

依「需要、合適、舒服」來去蕪存菁

第三個篩子是「需要、合適、舒服」的觀點。

這也是以「自我軸」來挑選物品的一環，不過更進一步地磨亮了判斷力。具體來說，就是質問：「我需要這個東西嗎？它適合我嗎？用起來舒服嗎？」當然，依據的時間軸都是「現在」。

也就是說，**把對「現在」的我「不需要、不合適、不舒服」的東西全部捨棄掉**。用以下三個觀點來進行取捨時，必須讓知性、感性和感覺總動員。

- **不需要的物品：有了是滿方便的，也還能使用，但就算沒有也無所謂的東西。**
- **不合適的物品：以前很珍惜，但已不適合現在的自己的東西。**
- **不舒服的物品：長年使用，卻一直覺得哪裡怪怪的、用了不舒服的東西。**

本書七十頁以「不認識的歐吉桑」來稱呼「遺忘物品」，但處理掉它們之後，接著登場的就是不需要的物品，在斷捨離中也被形容為「**多管閒事的歐巴桑**」。多管閒事的歐巴桑都很親切，而且很聒噪。與安靜沉默、只是整整齊齊地站在那裡的「不認識的歐吉桑」是兩個極端。但本人完全是一片好意，為了你好，熱心提出各種建議，這是她們的特徵。因此教人難以狠下心來與她們一刀兩斷。

代換為物品的話，是什麼情況？

「這很方便喔！」「有一臺會輕鬆很多喔！」「有它就能輕易做到！」就是被店員和購物臺像這樣花言巧語誘騙買下的東西。然而實際使用，卻沒有廣告說的那麼方便，也沒那麼需要。就是「**有了或許會方便一點，但沒有其實也沒差**」的東西。

但這樣的東西一旦想丟掉，戴上好心面具的「多管閒事的歐巴桑」就會開始滔滔不絕：「真的要丟掉喔？這不是很貴嗎？就算現在沒在用，搞不好以後還會派上用場啊。而且丟掉豈不是太可惜了嗎？」諸如此類。但其實說這些話的不是別人，就是你自己。

不同於被遺忘的物品，這些「方便的物品」總教人有些心虛，不敢一口咬定它們「無足輕重」。這類有如「多管閒事的歐巴桑」的東西，我稱為「**執著物品**」。

家裡有沒有多管閒事的歐巴桑（執著物品）？

不假思索、人云亦云地買下的各種烹調器具。
其實，它們是否完全可以用其他工具來取代？
或是使用頻率極低？

被遺忘的物品比較容易判斷，只要進行「團體面試」，大量淘汰就行了。但執著物品就像這樣，伶牙俐齒，所以必須經過「個別面談」，徹底釐清是否符合「需要、合適、舒服」，將之剔除。

先從難易度較低的「遺忘物品」開始丟起，然後在丟棄其實「不需要」的「執著物品」的過程中，你的「斷捨離EQ」會愈來愈高。於是便能察覺到「不合適」、「不舒服」的事物。「不合適」、「不舒服」的物品，只要順從自己的感覺和感性，就能逐步認清。在有意識地丟東西的過程中，品味也能得到鍛鍊。以下介紹一則實例。

經驗談4

依「需要、合適、舒服」來斷捨離，帶動良性循環

美登利女士（假名）的丈夫在泡沫經濟時代度過青春期，在買衣服的時候，如果為了挑選褐色還是黑色而猶豫，他就會說「反正都會穿，都買嘛」、「再猶豫下去會斷貨喔，兩種顏色都買吧」。相對地，在泡沫經濟崩潰後度過青春期的美登利女士，覺得丈夫的口頭禪就像惡魔的細語。儘管覺得這樣有點不妥，

卻因為「喜歡的人這樣說」，半推半就地奉行起「猶豫就全部買下」的做法。

美登利女士原本喜歡清爽的生活，然而不知不覺間，家裡的東西愈積愈多。某天，丈夫提議一起搬到隔壁縣，因為這樣可以買更大的房子。儘管有著想要生活在綠意盎然的環境的冠冕說詞，但真正的理由其實是家裡東西放不下了。現在住的透天厝，已經大到兩個人住有點誇張，但美登利女士無法向丈夫表達自己的意見，任由東西愈堆愈滿。

然而這時發生了東日本大地震，原本預定搬家的地區由於核電廠事故，變成禁止進入區域，已經失去搬家的意義了。就在此時，美登利女士遇到了「斷捨離」。

美登利女士把書重讀了好幾遍，壓抑著內心的衝動，每天在心裡列清單。到了第五天，她準備就緒，動手執行。從粉領族時代的套裝開始、不喜歡的名牌包禮物、忍耐著腳痛繼續穿的高跟鞋、婆婆送的開運消災錢包、因為手洗而根本用不著的洗碗機……美登利女士從「需要、合適、舒服」的觀點，一口氣進行斷捨離。

聽說一開始丈夫滿臉不可思議地看著妻子喜孜孜地丟東西的模樣。然後，當東西減少到可以一卡車載完的量時，美登利女士提議搬到都內的公寓，結果早已厭倦長時間通勤的丈夫一口答應了。搬家之後沒幾天，丈夫說：「搞不好家裡不需要電視。」確實，以前住透天厝時用的六十吋電視機，實在不適合二房二廳的小公寓。口頭禪是「猶豫就全部買下」的丈夫，現在居然說：「這裡的牆壁又大又白，買臺小型投影機就好了。」令美登利女士驚訝極了。

一個星期後，沒有電視機的生活開始了。以前總是吃飯配電視的丈夫，現在用餐時會面對美登利女士，對話的質量都大幅提升。丈夫還說要對午飯吃到十分飽的習慣進行斷捨離，帶著家裡做的蔬果汁去上班，兩年減了十八公斤，健檢結果也從C進步到A。

變苗條似乎讓丈夫很開心，開始對服裝講究起來。同一時期，丈夫在公司的人事異動中順利升遷，而且美登利女士正想要掃地機器人時，丈夫就在公司活動上抽到頭獎的掃地機器人。一切都太湊巧了，讓人驚訝得合不攏嘴……

注意到的時候，夫妻間「感情」的質也出現了徹底的變化。兩人婚後從來沒有爭吵過，生活就像單身時期的延續，但這是因為美登利女士缺乏自我肯定感，「害怕被丈夫討厭」，所以想說的話都不敢說出口，為了不想負責，選擇了更輕鬆的唯唯諾諾。

美登利女士默默地努力找回「自我軸」後，對夫妻的關係也有了重大的啟發，並且將丈夫帶進了良性循環。

「不需要、不合適、不舒服」的物品是……

不需要	沒有也沒差的東西	1 很方便，偶爾會用，但就算少了它，過個一整年也沒問題	熱酒器等季節商品／在廚房占空間的電熱水壺／偶爾會吃，但效果不明的保健食品
		2「或許有一天會用上」、「又不會壞」而累積的日用品庫存	大量的保冷劑或超商給的免洗筷和湯匙／保鮮膜、夾鍊袋、密封容器等廚房用品／重複買的便利貼
		3 過多的客用物品，令人想問：「你家天天都有訪客嗎？」	平常不用的餐具／飯店的拋棄式牙刷、刮鬍刀和洗髮精／遠超出訪客人數的大量寢具
不合適	不適合自己的東西	1 或許品質不錯，但不符合自己現在的品味的東西	好幾年前買的名牌大衣、皮鞋、包包／不符合自己喜好的高級毛巾禮盒／以前沉迷的嗜好收藏品
		2 不好意思被別人看到的東西	不好意思被異性看到的回憶收藏品／虛榮心作祟買下的艱澀書籍／只會在自家或附近穿的皺巴巴衣服
		3 以前很喜歡，但不知不覺中不再感興趣的東西	以為是在「養褲」，卻快變成破布的牛仔褲／以前的男女朋友或朋友送的禮物／因為以前在老家使用而慣性繼續使用的東西
不舒服	用起來不舒服的東西	1 每次使用，都覺得哪裡不太對勁的東西	不喜歡香味，卻慣性使用的洗髮精／每次坐都會吱吱叫的床或椅子／不合胃口卻勉強自己吃的糕點禮品
		2 以為自己喜歡，但每次使用都感到有壓力的東西	款式喜歡，但穿起來不舒服的皮鞋／不沾黏，樣式也不錯，但用起來不順手的鍋子／以前常穿，但一下子就起毛球，令人煩躁的毛衣
		3 以為是必需品，但不適合現在生活樣式的東西	結果幾乎沒在用的微波爐／改用土鍋煮飯後，派不上用場的電子鍋／手沖比較好喝，卻為了「保險」而留下的咖啡機

物品的斷捨離⑤

物品完成最佳化後再進行收納

我們已經把遺忘物品全數清出，也丟掉執著物品，並篩選出不合適、不舒服的物品了。

來到這個階段，住家的物品數量應該已經精簡了許多，留下來的也都是菁華。你是否已經實際感受到空間變得輕盈、更容易呼吸了？

把東西減少到這個程度以後，終於要進入「收納」的階段，但是在這之前，我要介紹一下斷捨離當中「收拾」與「清掃」的定義。

● 「收拾」是在收納之前，篩選數量龐大的物品的作業

● 「整理、分類」＋「清掃」的總稱是「掃除」

以前我看到某雜誌的居家收拾特集，看見第一頁就介紹用來清除汙垢的「小蘇打的

使用方式」，令我驚訝極了。也就是說，不只是一般人，連傳播資訊的人使用「收拾」一詞時，意義也涵蓋了「整理」和「清掃」，極為模糊。

因此如果要對住處長年累月的陳垢進行「大掃除」，從斷捨離的觀點來看，重要的是先處理掉數量龐大的遺忘物品和執著物品，然而卻有許多人搞錯了重點，變成購買新款的掃地機器人或強力清潔劑。

上述的狀況，導致我們的思考愈來愈混亂。

先撇開斷捨離的觀點，**真正合理的「掃除」步驟，應該是先清除垃圾、雜物、「不需要、不合適、不舒服」的物品，然後再進入收納，開始展開「掃、擦、刷」等「清掃」工作。**

為何會是這個次序？因為如果任由垃圾、雜物、「不需要、不合適、不舒服」的物品繼續堆積在收納空間裡，也毫無意義。不僅如此，東西一旦被塞進深處就完蛋了，這些物品將陷入「功能不全」的狀態，永遠不見天日。

以前有位從事家事服務業的學員來參加斷捨離講座，她說參加的動機是：

「掃除」的概念、收納與斷捨離的不同

※在斷捨離中，「掃除」是「收拾」、「整理」、「清掃」這三種動作的總稱。

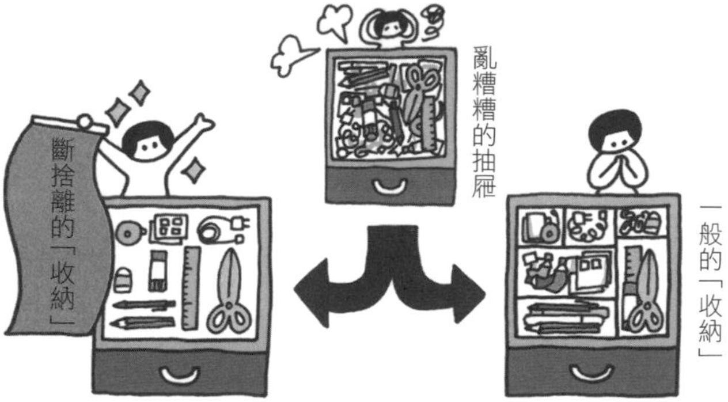

「因為我只是替客戶打掃，沒辦法取捨物品，就連怎麼看都是垃圾、廢物的東西，都必須想辦法清理乾淨，然後放回原位，不斷地重複這種動作。這讓我感覺到難以形容的矛盾和徒勞，所以深刻感受到斷捨離的必要性。」

這段話讓我印象深刻。

充斥坊間的「整理術」和「收納術」，許多都把重心放在「如何更有效率地保管、分類」，而不去審視物品本身。

結果物品完全沒有減少，就這樣深藏在收納空間裡，不知何時才有重見天日再被拿出來使用的一天。

相對地，斷捨離總是以物品會代謝為前提。

斷捨離後的空間，總是在流動。不會為了保管和分類，去購買或製作分隔用品，有時甚至會在一開始就將收納用品丟棄。

因為只要意識到重要軸和時間軸，進行斷捨離，物品自然就會去蕪存菁，因此收納用品只需要最基本的就足夠了。換句話說，**斷捨離式的收納發想是「如何不收納物品」**。

此外，「收拾」在廣義上也具有「解決」、「處理」之意。它的反義是「丟下」、「放任」，或者說是關係已經結束，卻就這樣被放在原地、徹底遺忘的狀態。

日文漢字「始末」（意為收拾、解決）二字，顧名思義，意味著「始與終」，透過對物品的斷捨離，可以逐步學會徹底做到「結束」的感覺。

收納指南①

「三分法則」

現在我們已經將物品去蕪存菁了，接下來要介紹五項在收納這些物品時的指南。

我經常在講座或講演被問到：

「〇〇丟掉也沒關係嗎？」

「多久沒用就可以丟掉？」

但是**斷捨離並沒有硬性規定或操作手冊**。因為是否要丟棄的選擇和決定，都掌握在物主一個人的手裡。

不過，生活在物品和價值觀都過度氾濫的社會裡，就連這理所當然的事都會出現猶豫。因此斷捨離雖然沒有規則，但提供了一些思考工具，像是「自我軸、時間軸」、「需要、合適、舒服」等。

「收納」也是一樣，沒有死板的規定。

但還是有一套寬鬆的指南。它們是我長年探索人與物品和空間「和平相處」的方法，透過許許多多的實例，從中萃取出來的黃金律，而不是「只要照這樣做就沒問題」的硬性教條。

首先，面對收納物品的空間，重要的是「分類」。

整理分類這回事，只要想做，就可以無止盡地做下去。但如果分得太細，根本記不住，而太粗略的話，又會不知道東西該歸在哪一類。在斷捨離中，要點是分成三類：

「大分類」↓「中分類」↓「小分類」

就像這樣，將想要分類的物品分成三類，並依序重複三次。進行到小分類後，才開始進行收納。

日語有許多三種類的慣用語，像是「松竹梅」、「金銀銅」、「天地人」，這稱為「三語法」，將事物分成三類，投合我們大腦的喜好。分成兩類，會彼此對立，分成四類，則會有不夠徹底的地方。因此斷捨離也是「斷」、「捨」、「離」這三項所組成。

那麼，這裡就以廚房為例，說明「三分法則」。

大分類

首先將廚房裡所有的東西分類為「食材」、「烹調器具」、「餐具」。這裡的重點是，三種類不能混雜在一起。蒐集餐具的地方不能出現調味料，烹調器具旁邊不能放杯子，否則會引發分類混亂。混雜的狀況愈多，東西找起來就更花時間，思考也會陷入混亂。

中／小分類

【食材】

在我家，包括調味料和生鮮食品，所有的食材都存放在冰箱，集中管理。冰箱有三道門（已經分成三類），由上至下分別是「冷藏室」、「蔬果室」、「冷凍庫」，因此我配合個別用途，放入食材。一般應該是這樣的分類方式：

● 冷藏室：食品、飲料、調味料等
● 蔬果室：葉菜類、根莖類、蔥薑蒜等
● 冷凍庫：熟食、未烹調的食材、冰品等

【烹調器具】

比方說，如果依用途分成「流理臺周圍」、「瓦斯爐周圍」、「廚房家電」這三類，可以像以下這樣分類：

- 流理臺周邊器具：調理碗、瀝水籃、菜刀、砧板等
- 瓦斯爐周邊器具：平底鍋、湯鍋、湯勺等
- 廚房家電：烤箱、微波爐、食物調理機等

【餐具】

首先進行中分類，分成「盤子」、「容器」、「飲料容器」，再個別依用途和大小、材質來進行小分類，應該就很方便取用了。

- 盤子：大盤子、中盤子、小盤子
- 容器：陶瓷器、漆器、金屬容器
- 杯子：茶杯、水杯、紅酒杯

這些分類法並沒有標準答案，請配合各自的生活形態，依自己的需求來進行三分法。

不過如果一開始的大分類出了錯，接下來的中分類／小分類就會出問題，因此精確地掌握大分類非常重要。

不過，其實很多人並不擅長分類。

廚房分類範例

大分類	中分類		小分類	
食材	冷藏室	食品	飲料	調味料
	蔬果室	葉菜類	根莖類	蔥薑蒜
	冷凍庫	熟食	未烹調食材	冰品
烹調器具	流理臺周邊	調理碗	瀝水籃	菜刀類
	瓦斯爐周邊	平底鍋	湯鍋	各類工具
	廚房家電	加熱用	備料用	其他
餐具	盤子	大盤子	中盤子	小盤子
	容器	陶瓷器	漆器	金屬容器
	杯子	茶杯	水杯	紅酒杯

我們淨是看著物品，因此視角會無可避免地降低，視野變得狹隘。也就是說，我們缺少了俯瞰整體的能力。

看看一般的「收納術」，都是一下子就從小分類開始，又進入更細的分類，因此反而會導致混淆。

應該要像住址一樣，日本國↓東京都↓港區，**從大框架漸漸地縮小到細微處，才是有效避免混亂的思考順序。**

收納中的分類思考，也能磨練工作上必要的技術。把它當成一種在生活中鍛鍊思考力的工具，做起來也會更有幹勁。

收納指南②

「七、五、一法則」

這是在收納物品時，收納空間裡的物量基準。

配合收納形態，將物品的總量減少到整體空間的「七成」、「五成」、「一成」，加上下一節介紹的「一進一出法則」，即是「**總量管理法則**」。

「看不見的收納」為七成

壁櫥、衣櫃、抽屜等，平時關起來的「看不見的收納」空間，收納的物品基準為整體空間的七成。

這個比例是為了替物品保留通道。正因為是隱藏式的，平日裡看不見，或許會覺得就算整個塞爆、塞得亂七八糟也無所謂。實際上，這種狀態會讓人難以取用深處的物品，往往必須先挪開前面的東西才有辦法拿取。我想每個人都有這樣的經驗。

此外，**留下三成的空間，就會讓人內心湧出想要整理的意願**。

「看得見的收納」為五成

玻璃門的餐櫥櫃及邊櫃，即使關上門也能看到內部物品的「看得見的收納」空間，收納物品的物量以整體空間的五成為限。

由於隨時都能看到內部，因此收納時必須保持一定程度的美觀。**這「美觀的上限量」就是五成。**不是「展示」，也非「隱藏」，因此能夠不著痕跡地維持空間美觀的印象。

「展示型收納」為一成

玄關的鞋櫃上方或邊櫃上方等平面空間，刻意「展示」的收納地點，物品數量的基準為整體空間的一成。

這是師法美術館和藝廊等場所的做法。寬闊的空間裡僅展示一幅畫作，便極為吸睛。居住空間裡面，這樣的地點並不多，但是**在一成的空間裡放上畫龍點睛的物品，即使只是日常雜貨，也能襯托出它的美，成為不折不扣的裝飾品。**

有時候我介紹這「七、五、一法則」，會有人驚訝於寶貴的空間怎麼不百分之百加以利用，並埋怨：「居然只能放七成、五成和一成，太浪費了！」

但物品的總量逐漸減少後，思維也會隨之改變，從「只能放這麼少」變成「居然可以放到這麼多」，享受在這樣的限制當中精選物品的樂趣。

比方說，假設現在「看得見的收納」裡面有二十樣物品，便會出現「要減少哪十樣」的觀點，自然就會開始精選「我的十大心愛物品」。

此外，像這樣限制物品總量，精挑細選，就能在住處的各個角落創造出**活用留白的美觀空間**。

收納指南③

「一出一進法則」

這是為了維持前一節提到的「七、五、一法則」所必要的法則，在已經透過「七、五、一」精選的物品中，如果又加入一樣新的中意物品，就必須丟掉十大心愛物品裡面排名最後的一樣。

重複這樣的循環，對於這些收納物品的「心愛程度」就會愈來愈高，可以扎實地感受到自身的美感、品味都逐漸提升。

不過這時候必須注意，**「先出一樣，再進一樣」**。坊間的收納規則常說「進來一樣，就出去一樣」，但是**在斷捨離裡，「出」先於「進」**。

理由是，如果先進來一樣東西（即使只是暫時性的），就會變成多出一樣東西，陷入超出總量的狀態。

反過來說，**如果先捨掉一樣，再納入新的物品，就不怕犯錯了**。說得誇張點，就是刻意讓自己處在「背水一戰」的狀態。如此一來，在購買物品時的心態就會大不相同，挑選時眼光會更為嚴謹。

刻意先打造出「困窘的狀態」，激發出「可不能買來半吊子的東西」的心態。如此一來，即使遇到一些困難，也不容易受到影響。

此外，以「出」為優先的思維，也和新陳代謝及呼吸有共通之處。**只要意識到先「出」，就能喚醒循環。**

不只是物品，在人與事的方面也是一樣的。

比方說，即使感覺「我們的關係已經結束了」，但正式和交往對象分手前，就和別人展開新戀情，應該會讓許多人覺得這樣不恰當。

就像這樣，我們總是喜新厭舊，但是在斷捨離的觀念當中，先「收拾好」已結束的事物才是優先。因為**先將過去收拾好了，下次「獲得」的才會更好。**

以下介紹兩則在人、事、物都該「一出一進」的實例。

經驗談5

實行「一出」，有了意外的「一進」

丟掉致富書籍，結果……

今日子小姐（假名）長年來一直渴望成為有錢人，但她接觸斷捨離以後，一口氣丟掉了四十七本教人致富的書籍。

因為她發現，這四十七本書，反映出她對金錢過度的執著。同時她擺脫了「有錢＝人生成功」的褊狹心態，改變了自己的金錢觀。

結果發生了意想不到的事。原本彼此不聞不問、幾乎斷絕了關係的父母，居然將財產分給了她。她擺脫對金錢的過度執著之後，不知怎地，財運竟自己找上門來了。

雖然難以置信，但這是真實體驗。

以「解願」結束戀情，結果……

理香小姐（假名）三十多歲，離過一次婚。

離婚後，她認識了一名對象，經歷了一段熱戀之後，兩人訂了婚，沒想到婚事最後竟告吹了。

沮喪的理香小姐接觸到斷捨離，察覺到自己對「結婚」的執著。因此在情傷稍微平復之後，她前往以前祈願「希望和他過著幸福的婚姻生活」的神社，進行「解願」。所謂「解願」，是如果事情結束，無論結果如何，都要前往致謝和報告。

每個人都會去神社或寺廟祈願，理香小姐知道「如果是具體的願望，無論結果好壞，重要的是徹底為這件事畫下句點」。「解願」這天，理香小姐神清氣爽，連朋友都說「妳的表情真棒」。

不只是物品，凡事只要「做個了結」（做好整理），就會有新的斬獲。後來理香小姐認識了家庭環境與自己接近的對象，兩個月就訂婚了。她找到了一個在各方面都十分投合的結婚對象。

收納指南④

「一個動作法則」

取出或收納物品時，我們都希望能迅速、方便、省麻煩。

即使遵守總量管理、打造出活用留白的美觀空間，但如果取用物品時步驟太多，像是：先打開收納空間的門，取出裡面的某個盒子，再打開蓋子……光是這樣，就讓人懶得行動。

當然，用完後把東西收回去時，步驟一樣麻煩，因為麻煩，就懶得歸位，忍不住直接丟在桌上或地上。

因此，取用物品的步驟必須縮減到最多兩個：

「開門↓取出（放回）」

讓物品可以一個動作取出，如此便能免去多餘的壓力，也不再覺得「麻煩」了。

我自己的做法，盒裝的物品基本上都會以拿掉蓋子的狀態收納。像奶精等有許多小包裝的東西，就把外袋朝外反折一次，以敞開的狀態存放在冰箱裡。

像這種東西，很多人都會用橡皮筋把大袋口束起來，但橡皮筋不管是要束起來還是解開都很費工夫，而且需要密封到那種程度的東西並不多。如果是袋口需要封住的包裝，我會用洗衣夾或長尾夾來封。

愈是覺得「家事麻煩」的人，就愈該發揮巧思和創意，減少「麻煩的步驟」，如此一來，家事便會變得輕鬆愉快許多。

收納指南⑤

「自立、自由、自在法則」

像衣物和毛巾，折疊收納的時候，我們會在無意識之間下工夫，讓折起來的部分藏在裡面等等，使衣物顯得更美觀、更方便取用。「自立、自由、自在法則」，就是讓這樣的美感更上一層樓。這個法則，**可以讓我們關注到住處的每一個角落，打造出更自在的空間**。

自立

收納物品時，要意識到「立起來」。

在我們家，廚房毛巾規定「以方盤能容納的十條為限」。如此一來，不僅可以進行總量管理，也能折好後立起來，剛剛好地收納在方盤裡，不會倒下，容易取用，優點多多。

自由

這裡說的自由，是「**選擇的自由**」。

便利超商的飲料區，琳琅滿目的瓶裝飲料以一覽無遺的方式陳列，供顧客自由選購。只要抽出一瓶，後面相同的一瓶就會自動滑過來補上。就是參考這樣的陳列方式。

也就是說，如果是餐櫥櫃的杯具，就依照茶杯、水杯、紅酒杯等種類區分，排成易於取用的直列。如果混雜在一起，就會總是只拿前面的杯子，無法徹底活用擁有的物品。

自在

這個方法適用於衣物等無法立起來收納的物品。

「自在」意味著「隨心所欲」。長褲、T恤、襪子等要捲起來，折成不會鬆開的形狀再收納。如此長褲和襪子等就會變成一小團，而且不會鬆脫，讓人看了自在、舒服。

在我們家，捲起來折好的長褲會放在籃子裡，但T恤可以捲成筒狀，因此也可以使其「自立」收納。不論何者，都是寬鬆地收納，而不是塞得滿滿的，這樣心情也會跟著寬裕許多。

讓物品像這樣處在顯而易見的「自立、自由、自在」狀態，也等於是促成自身的「自立、自由、自在」。

以「自立、自由、自在」提升美感

自立

毛巾和T恤等布製品立放在盒子裡收納。

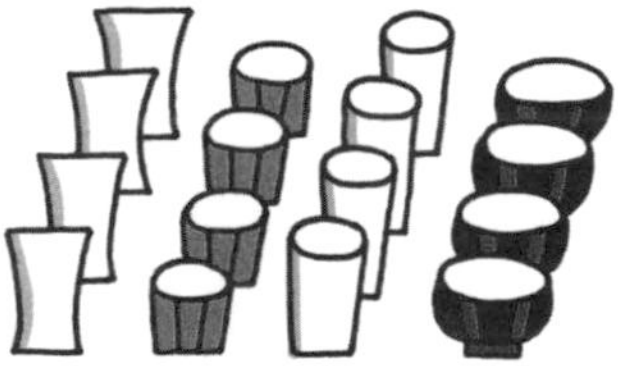

自由

杯具和餐具類依相同的種類擺放，易於自由挑選。

自在

內褲和襪子等小巧的衣物捲起，自在地放置於收納空間。

此外，像廚房因為有許多抽屜，經常看見抽屜裡一堆隔板，塞著一堆筷子和湯匙。

「斷捨離」的觀念認為，先精選物品，在不需要隔板的寬綽空間裡，鬆散地放置著，這樣的狀態才是舒適的。

如果你自己是物品，會想要待在那裡面嗎？

每天開關的抽屜和置物籃裡面，是什麼狀態？

將物品的樣態視為自己的樣態，答案便呼之欲出。

從可以確實得到成果的小地方開始做起

前面已經介紹了斷捨離的具體實踐方法。

簡而言之，就只是「把不要的東西丟掉」、「清出」而已，但我會如此費盡千言萬語解釋，是有理由的。

我要再三重申，**丟東西也是需要按部就班的步驟的**。

愈是初學者，在丟東西的時候，愈容易第一個想到自己最不想丟的東西。有太多人從書籍、衣物等有強烈執著的物品開始著手，結果窒礙難行，愈搞愈亂，毫無成就感，就此放棄。

斷捨離是以「**加分法**」來打分數。只有一點點也好，總之要**把目光放在「完成的事」**。

以前有個掀起風潮的大學備考讀書法，訣竅是「做簡單的小學練習題，來激發幹勁」。因為已經是高中生了，做起小學的練習題，當然能拿到一百分。累積像這樣得到的小小的成功經驗，便能建立起自信心。

就是仿效這樣的手法，**在斷捨離時也從易如反掌的部分開始著手。透過這樣的累積，即使面對困難的大問題，也能有信心去面對。**

不管在家庭還是職場，往往都有許多不盡如人意的事，讓我們不得不對自己扣分。因此至少在斷捨離的時候，我們可以一次又一次稱讚自己「我做到了、我丟掉了」，累積對自己的「信任存款」。

這樣一來，就能避免多餘的精力耗損，並湧出面對物品的活力。聽到「從整理錢包開始」、「從一個抽屜開始」，有些人會覺得「就算整理這種小地方，一想到整個住處，總覺得應付不來」，但其實這是一種心理學技巧。

還有，最近有愈來愈多人是「我知道斷捨離的理論，也知道減少物品的必要性，可是卻不知道為什麼，就是沒辦法付諸實行」。也就是雖然引擎發動了，卻一直處在停車怠速的狀態。

這就像是還沒有開打，就喪失鬥志，不戰而降。因為清楚有限的時間和勞力根本無法處理完眼前的量，仰屋興嘆，忍不住拖延、逃避去處理。

如果總是掛記著「非處理不可」、「可是無法行動」，勞心耗神，卻沒有實際行動，精力便會不斷地平白消耗。這種狀態才叫做「可惜」。

遇到這種情況，必要的是重新認識「我現在身上扛了太多東西了」。**物品過多的人，往往也扛著過多要做的事，因此必須暫時先限制一下待辦事項。**然後從眼前的小地方開始斷捨離。

但如果陷入這種狀態，就會感覺所有的一切都很重要。所以更必須透過物品，來訓練意識專注於「當下、此處、我」。

如此一來，就能看清「對現在的我而言，最重要的是什麼」。

經驗談6

一雙筷子給了我面對命運的勇氣

十二年前，由美女士（假名）生下了一個先天殘疾的孩子。丈夫幾乎天天上班到深夜，鄰近又沒有能夠依賴的親戚和朋友。而且第二個孩子也有著相同的殘疾，體弱多病，反覆住院。

「為什麼就只有我這麼慘?!」

沒多久，由美女士自己因為椎間盤突出，行動困難，雖然動了手術，依然不見好轉。處在一天二十四小時毫不間斷的疼痛當中，帶孩子讓她苦不堪言，同時求救無門，她甚至真心認為「只有一死了之才能解脫」。屋子裡亂成一團，汙垢、灰塵堆積，但她也因為認命和麻木，過一天算一天。

身體總算漸漸能夠行動時，由美女士接觸到斷捨離。在進行斷捨離的訓練，以及對講座同學傾吐的過程中，原本甚至忘了怎麼哭泣的由美女士變成了愛哭蟲。她開始透過流淚，釋放出積存在體內的種種情感。

儘管恢復了笑容，決心要努力，然而一回到家，仍然是垃圾屋狀態。孩子們一樣事事要人處理，丈夫一樣深夜才回家。

「光是眼前的事就讓我忙不過來了，哪有時間去處理這些東西！」正當由美女士這麼想的時候，斷捨離講座的同學寄來一封意想不到的信。信上附了一雙筷子的照片說：「這是我今天的斷捨離。」一瞬間由美女士心想：「咦？這樣就行了嗎？那我也辦得到！」

由美女士立刻將廚房裡老舊的料理筷丟掉，只留下新的料理筷。瞬間，雖然只是清出了微不足道的小空間，但每天看到就心情煩躁的地方，瞬間變成了令人開心的地方。

從此以後，由美女士開始有了改變。

以前她會覺得「只剩下十五分鐘了」，什麼事情也不做，任由時間過去，現在卻會覺得「還有十五分鐘！要把哪裡斷捨離？」空閒時間讓人變得積極且充滿期待。她強烈地想要行動，因為斷捨離而變得清爽怡人的空間也漸漸增加了。

以前不管聽到多有用的資訊，她都無法實際運用在生活當中，現在卻覺得：「即使是頭腦生鏽的我，只要是物品，眼前就有可以具體做到的事！」

斷捨離會將「行動」的結果具體呈現在眼前。這些結果一點一滴地帶給由美女士喜悅，讓她建立起自信。

同時，對於擁有兩個殘障兒的命運，她也能夠提起勇氣去面對了。

提不起勁時，從「出口」著手

斷捨離將我們的生命分為「肉體生命」、「社會生命」、「精神生命」三個層面來思考。缺少這三樣的任何一樣，我們都無法存活。

- 肉體生命，是人類做為動物的生命
- 社會生命，是獲得歸屬感、受到肯定的欲求
- 精神生命，是與知識、美和人進行交流的欲求

我們都以為只要有肉體生命就能活下去，但如果這樣的話，就不會有人因為被公司裁員而痛苦尋死，也不會有人為情所困，煩惱到自殺。

每個人都有些輕忽肉體生命，只注意到社會和精神方面事物的傾向。或許這就是人的天性，但一切的根本都是肉體生命。擁有健康的肉體，才能在社會和精神上綻放生命的光輝。**提不起精力進行斷捨離，遲遲無法跨出第一步的人，先決要件是讓基礎的肉體恢復**

元氣。

斷捨離的目的，是藉由整頓好這三種生命基礎的「住處」，使三種生命維持健全。或許也可以說是比裝潢和收納整理更基本的、找回人性尊嚴的「空間創造」。因為從現狀來說，我們就是在用荒廢雜亂的空間凌虐自己。

此外，我們的居住空間，可以整理出對應這三種生命的角色。比方說，廚房和浴室、盥洗室與「肉體生命」直接相關，客廳和書架與「精神生命」相關，衣櫃和書房與「社會生命」相關。

當然無法一概而論，但意識到這一點，再來觀察住處，是否就能看見自己現在哪一方面的生命變得衰弱了？

在斷捨離裡首重「清出」，因此在住處，也要從「清出」的地方著手，找回流動。廚房的話，就是流理臺和排水溝、垃圾桶。當我希望重振精神時，就會重點式地清理這些「出口」。

從俯瞰的角度來看廚房，便能看出角色的不同，比方說冰箱、食品庫是物品的入口，排水溝和流理臺是出口；也就是說，廚房這個空間是同時具備出口和入口的地方。保養出

「住處」是三種生命的基礎

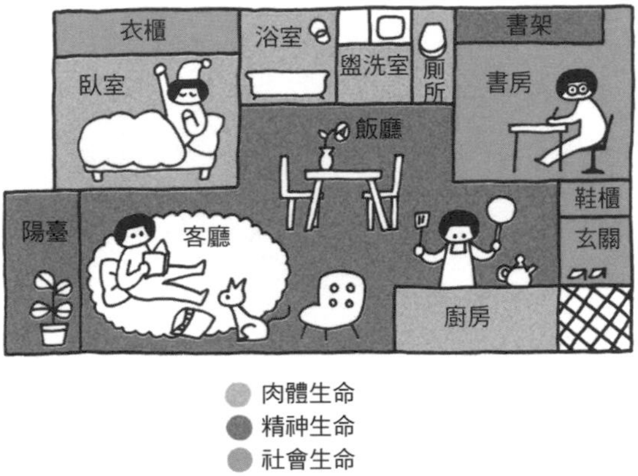
衣櫃
浴室
盥洗室
廁所
書架
臥室
書房
飯廳
鞋櫃
陽臺
客廳
玄關
廚房
肉體生命
精神生命
社會生命

住處＝三種生命的基礎
社會生命
衣櫃、鞋櫃、書房…等
精神生命
客廳、飯廳…等
肉 體 生 命
廚房、盥洗室、浴室…等
維持住處環境整潔，讓「場所」的力量得以發揮。

口，入口也會隨之變得洗練。

淤塞清除之後，自然就會想要讓新納入的物品更為洗練。

這是很合理的現象。

此外，我稱為「3B」的浴室（Bathroom）、臥室（Bedroom）和廁所（日文Benjo），**也是會意識到「出口」的地方。**

浴室是用來清除肉體的汙垢、廁所是用來排泄、臥室是用來恢復疲勞的空間。肉體疲憊的人，這三個地方可以說幾乎都是雜亂、骯髒的。

不知道該從哪裡開始著手的人，首要之務便是從這些相當於「出口」的地點開始斷捨離，從肉體開始恢復元氣。

對住處全體進行斷捨離時的重點

本節將列出住處各個場所的象徵，以及進行斷捨離時的重點。

【斷捨離的步驟】分別為STEP1「認清現狀」、STEP2「取捨選擇」、STEP3「整理收納」。

衣櫃的斷捨離

許多人每次打開衣櫃，明明塞滿了衣服，卻大嘆「沒有一件可以穿」。衣物是我們在社會上或精神上的自我形象投射，因此**「沒有衣服可以穿＝沒有想穿的衣服」，這或許就意味著自我形象不夠明確。**

此外，我們會透過衣物，將流行這樣的時下能量穿戴在身上。如果感覺那股能量對自己已不再新鮮，就順從這樣的直覺，進行斷捨離，如此便能透過嚴選的衣物，隨時接收最新鮮的能量。

【斷捨離的步驟】

● **STEP 1：**打開衣櫃，把裡面的衣物全部擺在平面上。

● **STEP 2：**從發霉、破損等物理上不能穿的衣物開始丟，從「需要、合適、舒服」的觀點來去蕪存菁。

● **STEP 3：**衣櫃基本上是「看不見的收納」，因此物量的基準是收納空間的七成以下。留意「易取用、易收放、美觀」這三點，整理成容易使用的狀態。

壁櫥的斷捨離

原本應該要仔細檢視裡面的物品「要還是不要」，卻因為懶得丟、內疚，而逃避面對，結果讓壁櫥變成了「先丟進裡面再說」的空間。這反映出直覺反射式「眼不見為淨」的令人搖頭心態，**塞在壁櫥裡沒被使用的物品，就是放棄思考的證物**。

另外，由於平常不會看到壁櫥裡面，有時候壁櫥也反映出自己的潛意識。說到壁櫥，某個參加講座的學員的例子讓我印象深刻。

她經歷過一場又一場沒有結果的戀情，某天發現壁櫥深處的紙箱裡塞滿了全是不幸結局的悲戀小說。然而她的住處客廳書架上，擺的清一色都是社會科學類書籍。因此她將壁櫥整個打開，丟掉那一箱箱的悲戀小說，也告別了過去消極的戀愛觀，成功地展開了新的戀情。

此外，讓「看不見的收納」變成被什麼人看見都不會害羞的狀態，可以壓倒性地提升自我肯定感。

【斷捨離的步驟】

● **STEP1：**打開櫃子，把裡面的東西全部擺在平面上。

● **STEP2：**從壞掉、不能用的物品開始丟，慢慢地從「需要、合適、舒服」的觀點來去蕪存菁。

● **STEP3：**櫃子基本上是「看不見的收納」，因此物量的基準是收納空間的七成以下。留意「易取用、易收放、美觀」這三點，整理成容易使用的狀態。

廚房的斷捨離

廚房向來會淪為各種鍋具、調理工具、成套密封容器等物品的巢窟。在許多情況下，這些工具都是順從「希望廚藝變好」、「想要當個好主婦」的願望而購買。也就是被只要買了這些東西，願望就會實現的幻想所迷惑。

從這些物品的狀態，可以看出只是純粹想要而買下，或是懷著「真的想要精進廚藝」而使用。

常見的例子，像是抽屜裡的隔板每一格都塞滿了廚房用品和餐具，擠得水洩不通。這些物品當中，經常摻雜了一些買熟食附贈的免洗筷、塑膠湯匙等，「也不是不能用，但是不想用」的東西。

這些物品**只要淘汰到能在抽屜裡寬敞地收納的狀態，甚至根本不需要隔板。不是用隔板隔出特定的位置，而是賦予物品自在伸展的空間**。只要是打開的時候，便彷彿有清爽的風吹過的抽屜，每一次打開，就能跟著恢復元氣。

此外，下廚是生活的基本，是打造全家生命基礎的作業。忙碌的日子裡，有時也會覺得下廚很麻煩，但只要**分辨出「必要的麻煩」和「可以省略的麻煩」，並根據「一個動作法則」，打造出易於下廚的環境和動線，便能夠提升整個家的生命品質**。

「用餐」時的「氣氛」相當重要，甚至比味道和營養更重要。不要把不耐煩的情緒當成辛香料亂灑，而是用心去打造讓全家人津津有味用餐的氣氛吧！

【斷捨離的步驟】

● **STEP1：**打開櫃子，取出抽屜，把裡面的東西全部拿出擺到平面上。

● **STEP 2：**從過期的食品、不能用的用品和餐具開始淘汰，從「需要、合適、舒服」的觀點去蕪存菁。

● **STEP 3：**廚房的櫃子和抽屜基本上是「看不見的收納」，因此物量的基準為收納空間的七成以下。留意「易取用、易收放、美觀」這三點，整理成容易使用的狀態。

餐櫥櫃的斷捨離

如果說用餐不只是單純果腹，而是感官總動員、享受色香味的愉悅時光，那麼再也沒有哪個配角，比起器皿更能左右一餐的成敗了。**盛裝餐點的碗盤，等於是將食物烘托得更美麗的衣飾。**

但不同於服裝，我們不會帶著碗盤上街去，餐具是用來款待自己和家人、點綴餐點的。因此要求碗盤必須具備美感和品味的人，也是能款待自己和家人的人。亦即無論有沒有人在看，都擁有堅定的「我想要這樣」的理想形象＝自我形象。

斷捨離的基本觀念是「款待自己和家人」，因此碗盤不會特意分成「招待賓客用」或「日常使用」。在取捨選擇物品時，不妨留意以這樣的觀點來進行。

餐櫥櫃大多都是玻璃門，是住處中代表性的「看得見的收納」，因此陳列心愛碗盤的作業不只非常愉快，也能鍛鍊美感。**把餐櫥櫃當成畫框裡的一幅畫來整理，整個空間予人的感覺便會煥然一新。**

這也是為什麼我在拜訪為收納整理而苦惱的人家時，總會先把餐櫥櫃整理得美觀怡人，來提升他們的幹勁。

【斷捨離的步驟】

- **STEP1：**打開餐櫥櫃，將裡面的物品全部拿出擺到平面上。
- **STEP2：**從有裂痕、缺損的碗盤開始，以長期未使用的碗盤、招待客人用的碗盤為中心，從「需要、合適、舒服」的觀點去蕪存菁。
- **STEP3：**基本上是「看得見的收納」，因此篩選後的量的基準為收納空間的五成以下。留意「易取用、易收放、美觀」這三點，整理成容易使用的狀態。

冰箱的斷捨離

基本上，冰箱裡面放的都是食品。只要意識到保存期限和「看起來好不好吃」，冰箱可以說是最容易斷捨離的地點。另外，冰箱裡的食品幾乎都是「生鮮食品」，所以要以「新鮮度」為重點，進行斷捨離。

如果冰箱都已經塞得密不透風，卻無法將早就不想吃的食物丟掉，那是因為「太可惜了」的心態在作祟。「不能浪費食物」的觀念絕對沒有錯，但把食物就那樣一直塞在冰箱裡，真的能說是珍惜食物嗎？有必要再次捫心自問。

此外，食材的狀態，與我們的身體直接相關。即使說「**冰箱＝打造身體的『原料』儲存庫**」也不為過。

因此**將冰箱斷捨離，把觀念從「先留起來再說」轉換為「需要時再買」，飲食習慣便能一百八十度大轉變，許多人因此重拾健康，成功減重**。

【斷捨離的步驟】

- **STEP1：**打開冰箱，將裡面的物品全部拿出擺到平面上。
- **STEP2：**從過期的食品開始，並找出已經不想吃的食材，從「需要、合適、舒服」的觀點去蕪存菁。
- **STEP3：**冰箱是「看不見的收納」，因此篩選後的量的基準為收納空間的七成以下。留意「易取用、易收放、美觀」這三點，整理成容易使用的狀態。此外，如果冰箱表面貼滿了便條紙和貼紙，這個空間必須視為「展示型收納」，減少到整體的一成。精簡到只有一個重點，就能讓廚房空間的印象大幅改變。

書架的斷捨離

一直以來，我們接受的教育都是「書必須讀到最後一頁」，所以即使覺得不怎麼吸引人，許多人還是會努力把書讀完。但這樣做只是在浪費時間和勞力，只要順從自己的心，有許多書都可以從書架清出去。

說到底，**精選書本的訣竅，在於那本書對自己來說「好不好吃」**。書也是有賞味期限的，屬於資訊類的財經書籍更是如此。

比方說，有些書即使幾乎沒在讀，對自己來說仍十分美味。因為實體書和電子書不一樣，是一種綜合性的藝術品，可以同時賞玩到紙張的觸感、重量、裝幀設計等等。此外，書籍本身也是一種「氣」，或是能量的結晶。有不少書本不知道為什麼，只是拿在手裡，就令人雀躍。從這個意義來說，書是有別於其他物品的特別之物。

另外，書本的數量雖然反映了求知欲，但也有些伴隨著「看，我很厲害吧？」的自我表現欲。即使是已經不讀的書，大量陳列在書架上，會讓人有種「想要被肯定」的欲望得到滿足的錯覺。以結果來說，這類書籍會成為「積讀本」，堆在書架和書桌周圍，但如果它們是這類「虛榮」的象徵，果斷地放手，才能醒悟到自己並不需要多餘裝飾的事實。

近年來由於網路書店和二手書店的崛起，書丟掉或賣掉之後，如果需要，還是可以輕鬆買到。此外，如果目的是「獲得資訊」，不用拘泥於紙本書，許多時候都可以透過電子書和網路資訊來填補。

在以前，個人持有的資訊和知識，就等同於他的藏書內容，但現在已經截然不同了。因此可以把**「（網路）書店也當成自己的書架」，配合需要，輕鬆地買書、丟／賣書，就能將書本的數量精簡到最少。**

但書本對許多人來說，仍是格外令人執著的物品。斷捨離的鐵則是「避免從執著強烈的物品開始著手」，因此如果是初學者，先在其他地方進行取捨選擇的訓練之後，再來挑戰書架應該比較好。

【斷捨離的步驟】

- **STEP1**：書架幾乎都以能夠看見所有書籍的狀態陳列，因此第一步先仔細審視藏書的內容。
- **STEP2**：挑選書籍的重點，在於那本書是否能使自己「食指大動」。「食指大動」的感覺，有助於釐清那本書和自己是否仍有著活性關係。
- **STEP3**：雖然書架是「看得見的收納」，但唯獨書本，不在五成收納的限制範圍裡。注意「總量管理」，只要在書架能容納的量以內都可以。留意「易取用、易收放、美觀」這三點，整理成容易使用的狀態。

廁所的斷捨離

住處中「出口」的代表性場所就是廁所。這裡是最骯髒的地方，因此要卯足全力，把它清理得最為乾淨。

另外，從風水的角度來說，打掃廁所有助於提升財運。實際上有多少效果，不得而知，但**把廁所刷洗得清潔溜溜和變得富有是有一點共通之處的，兩者都是把斷捨離所謂的「出」（排泄的過程／花錢的方式）變得更有品質**。

廁所空間不大，卻容易放滿許多物品，像是清潔劑、刷子、芳香劑、廁紙等等。我們家的廁所不放刷子和芳香劑，廁紙也只放一捲預備的。此外，我會將薄荷油滴在紙上取代芳香劑，讓廁所散發若有似無的清涼香味。**廁所最重要的就是「清潔感」，因此盡量不要放東西**。

【斷捨離的步驟】

- **STEP1：**廁所裡面如果有收納空間，就全部打開，檢查有哪些物品。
- **STEP2：**拿掉造成不潔印象的物品。蒙上一層灰的芳香劑、擺飾品、廁所清潔劑等等，不是丟掉，就是擦乾淨後再擺飾。

● **STEP 3：**廁所裡的收納空間，多半是「看不見的收納」。以七成以下為限，精選物品。留意「易取用、易收放、美觀」這三點，整理成容易使用的狀態。

玄關的斷捨離

玄關是住處的門面，也是入口。回到家會覺得鬆了一口氣，還是頓時疲憊萬分，全取決於開門入內瞬間的印象。**如果玄關塞滿東西，會導致整個住處淤塞**，必須注意。

尤其必須留意的，是有沒有丟著高爾夫球袋、煤油罐（編註：日本冬季時，部分家庭會使用以煤油為燃料的暖爐。）這些鮮少使用，或是季節性的物品？有時候它們完全融入玄關，甚至不會發現它們其實礙眼又礙事。

另外，也常看到傘桶裡插著幾十把傘的情況。明明一家只有四口，卻有那麼多把傘，讓人忍不住質疑：「府上是住著千手觀音嗎？」

我也常遇到一些家庭，鞋櫃上放滿了收宅配時的印章、鑰匙等必需品，還有擺飾物和花瓶，擠得密密麻麻。

請再一次捫心自問，做為住處的門面，這樣合適嗎？只要發現這些東西只是漫不經心地擺在那裡，就是毅然進行斷捨離的好時機。

不管是包鞋也好、拖鞋也罷，鞋櫃由於是專門放「鞋子」的地方，因此在取捨物品時不容易萌生猶豫。從這個意義來說，也是很建議斷捨離初學者開始動手的地點。

【斷捨離的步驟】

- **STEP1：**打開鞋櫃，把所有的鞋子排在報紙上。
- **STEP2：**從變形的皮鞋、髒掉的運動鞋、傘骨斷掉的傘等不能用的東西開始丟，從「需要、合適、舒服」的觀點去蕪存菁。
- **STEP3：**鞋櫃是「看不見的收納」，因此物量的基準為收納空間的七成以下。留意「易取用、易收放、美觀」這三點，整理成容易使用的狀態。鞋櫃上方必須視為讓住處門面顯得更加美觀的展示空間，以空間一成的物量來實踐「展示型收納」，將其視為藝廊空間，享受布置的樂趣。

客廳、飯廳的斷捨離

客廳和飯廳是家人團聚的地方，因此家人的物品自然也會聚集到這裡來。別人的東西特別礙眼，但重要的是先徹底管理好自己的物品。必須銘記在心的是，**平面不要放置物**

品。光是遵守這一點，空間就能變得清爽。

常見的是家中客廳被大沙發所占據。許多人家裡的沙發相對於日本一般住宅的尺寸來說，實在是過大了，導致空間受到壓迫。而且沙發會變成置物場，堆滿了收進來的衣物、小孩子的玩具等等，讓空間變得壅塞。**即使是「每一家都有」的東西，重新檢討「真的需要嗎？」很多時候會意外地發現：不僅是「沒有也無所謂」，反而是「沒有了更好」。**

【斷捨離的步驟】

● **STEP1：**雖然想要說「打開櫃門，把所有的東西放到平面」，但客廳和飯廳是家人每天使用的地方，除非條件剛好，否則很難把東西全部擺出來。因此首先從桌面或架子上這些看得到的地方開始。拍照之後，透過畫面客觀審視，更能認清每天看到的場所的現狀。

● **STEP2：**從自己的東西或每個人都能丟掉的東西開始著手。客廳和飯廳容易堆積每天收到的廣告信、信件、報紙、傳單等紙類，把重點放在「賞味期限」、「消費期間」，能丟的就丟。難以一口氣斷捨離的話，可以依時間和地點，像是「今天只有十五分鐘斷捨離，所以只清理這個抽屜」，持續進行。

● **STEP3：**桌面和邊櫃上方是「展示型收納」，因此物量僅限於一成以下。桌子的話，就是插上一枝花。除此之外的收納空間，留意「易取用、易收放、美觀」這三點，整理成容易使用的狀態。

回收品的斷捨離

「可以賣錢啊　想到這裡的時候　手就停住了」

這是二〇一七年徵文的「斷捨離川柳」（譯註：川柳是日本一種傳統口語短詩，重視滑稽、諷刺與機智。）的優秀作品，應該許多人對此都心有戚戚焉。

廢物利用、舊物翻新、放上網拍、參加跳蚤市場、賣給二手商……資源回收的方法五花八門。資源回收確實很重要，東西還能用，而且還有人需要，自然會想要送到需要的人手上，但我們必須理解，這對初學者來說，是門檻極高的行動。

比方說網拍，如果準備把想要立刻擺脫的大量衣物或書本放上網拍，就必須先存放在某處，等人下標，再包裝寄送，確定收到貨款……你真的能這麼不怕麻煩嗎？反而有可能給自己帶來更多的壓力。

再說，我們就是因為沒有這些時間和精力，才會堆積出這些衣物山和書本山。所以除非有莫大的決心，否則上網拍賣和參加跳蚤市場，都是困難重重的。

會有變賣的念頭，許多時候與其說是為了延續物品的生命，其實更是因為「買的時候很貴」、「捨不得丟」，是出於金錢的執著、想要逃避罪惡感。因此為了痛定思痛，**「再也不買這種東西」，必須果斷丟棄，切身去體會那種「痛」**。

最後再介紹一則入選的川柳作品：

「把手鬆開來　不僅少去了壓力　更多了笑容」

第3章 斷捨離能改變人生

有捨才有得。
人生可以重新來過。
對現在的自己，做出最恰當的選擇和決定，
就可以對自己滿懷自信，過著優游自在的人生。

難以言喻的爽快感湧上心頭

距今四十年前，還在讀大學的我，與全力衝刺學業、投入興趣和戀愛，歌頌校園生活的其他同學相比，應該是個沒什麼進取心、隨波逐流的學生。姊姊看不過去，建議我去學瑜伽。當時新世紀運動、精神世界蔚為風潮，瑜伽也開始受到矚目。

但那時候的瑜伽，和現在以運動為主、追求美容和健康的瑜伽大不相同，是以「身心修養」為主軸，透過呼吸、飲食、姿勢、動作、思想、環境等等，從自我的內在及外在來實踐瑜伽哲學。

那時我一頭栽進了瑜伽的樂趣裡，從文化中心的課程開始，朝「指導員培訓講座」邁進的過程中，接觸到**放棄「執著」的「斷行」、「捨行」、「離行」的修行哲學**。行法哲學是透過實踐來體會的哲學，而不是單純從書本學習。

比如說，最有名的「斷行」就是「斷食」。除了水以外，多日粒米不進，是需要毅力和忍耐的禁欲修行。

坦白說，當時的我聽到「拋棄執著」，也懵懵懂懂。當時的我這個也想要、那個也想要，渾身上下充滿了物欲，什麼「斷行」，根本不在我的考慮之列。物欲和食欲也完全不想拋棄，我立刻便對「斷行」烙下「不可能」三個字，當作沒聽過。

但其實我應該也隱約察覺到這過剩的執著心可能對自己有害，似乎一直沒有忘掉「斷行」、「捨行」、「離行」這三個詞，讓它們一直沉睡在「內心的櫃子」裡。

就在某一天，它們突然醒來了。如今回想，那真是命運之日。

得知「斷行」、「捨行」、「離行」十年後，我那位具有超凡魅力的瑜伽老師驟逝，舉行了道場葬禮。

忘了是聊到什麼而提起，我殷殷地向一起參加葬禮的瑜伽指導員前輩傾訴說：

「什麼『斷行、捨行、離行』、什麼『拋棄執著』，根本不可能做到。」

姑且不論出家的修行僧，我們做不到是沒辦法的事——我想當時我只是想要別人同意我的想法。

結果前輩嘆息說：

「就是說啊，像我家的衣櫃，塞滿了根本不會穿的衣服，卻很難丟掉呢。」

這句話有如轟雷掣電。

因為當時我好歹也是個家庭主婦，每天努力做好家事，然而在收納整理方面，尤其是衣物的整理，卻是一塌糊塗。

衣櫃裡塞滿了衣服——不，多到都滿出來了，卻整天埋怨「沒有衣服可以穿」，我到底是怎麼回事？

難道那擠得水洩不通的衣服，就是我的「執著心」，是具體呈現出我的「執著心」的事物？

因此我決定立刻面對衣櫃裡的衣物。然而儘管我想要丟棄不再需要的衣物，卻困難重重。

「買的時候滿貴的耶。」

「搞不好還會再次流行。」

「這還很新，真的要丟掉嗎？」

「留著又不會怎樣。」

衣服彷彿不停地在對我說話。

然而另一方面，憤怒卻也油然而生：

「怎麼會有這麼多這種東西！」

對當時的我來說，清理不需要的衣物的作業，真正有如披荊斬棘。

儘管承受著丟東西的內疚和痛苦，但我持續慢慢地清理，心靈漸漸地輕盈起來，一股難以言喻的爽快感湧上心頭。

扔掉一件無用之物，就多出一點空間。

扔掉一件多餘之物，就免去一樣負擔。

扔掉一件無益之物，就恢復一絲清爽。

這是斷捨離這套減法的解決方案所帶來的真實體會。

然後不知不覺間，我將這套「透過物品，放掉執著，讓自身恢復、淨化」的自我探索方法，稱為「斷捨離」。

不過，這時它還只存在於我一個人的心中。

放掉多餘的執著心，心靈變得輕盈

就像這樣，我經驗到把「看得到的東西」透過減法去除，心中「看不到的東西」也隨之一同清出的感覺。

那麼，這「看不到的東西」是什麼？

一開始我只是感覺：「啊，丟掉東西就覺得好清爽」，但逐漸累積經驗以後，我對於這「看不到的東西」有了愈來愈深的考察。

就像第一章描述的，物品帶有「執著」的強力膠，只要東西在那裡，我們的「執著心」就應運而生。

但還有另外一種「執著心」。

那就是根植於我們自己的經驗和想法的執著心。從衣櫃裡滿出來的一件衣物，我們把它當成一樣物品，但其實對物主來說，這些衣物或多或少都帶有故事，像是重視的人送的、從微薄的積蓄裡砸錢買給自己的。

眼前的物品，都附著著這一類的故事。因此物品貼附著什麼樣的「感情」，也會影響到物品和我們的關係。也就是說，**物品只是物品，卻也不只是物品。**物品是以「看得見的形體」和「看不見的感情」成雙成對地存在。

不過，這「看不見的感情」如果是「心愛」的物品就好了，但如果伴隨的是沉重的情緒，比方說「很貴耶」、「常穿這件衣服的那陣子很快樂」、「感覺丟掉會遭天譴」、「已經不會再穿了，可是丟掉好麻煩」、「或許再也買不到了」，物品帶來的就會是負面影響。

換句話說，物品和自己的關係稱不上良好。

因此，斷捨離就是每天面對物品，捫心自問：

「現在的我對這樣東西有什麼想法？」

「現在的我和這樣東西的關係良好嗎？」

那麼，實際捨棄物品之後，會怎麼樣？

意識到「附著在物品上的沉重『執著』，是現在的我所不需要的」，清除物品，物品和心靈就會更強烈地彼此互動。物品上的感情愈是沉重，丟掉感情所依附的物品時，就能愈深刻地體會到心靈變得輕盈的感覺。

以行動來說，就只是丟東西而已，但其實同時也能在看不見的領域和心靈，放掉「多餘的執著心」。以下介紹一個實例。

經驗談7

丟掉前夫的家具，相隔七年感到如釋重負

楓女士（假名）是在離婚七年後接觸到斷捨離的。這段期間，她一直一個人獨居，住處卻充斥著各種物品。

其實楓女士有個祕密，就是她對家人和親戚隱瞞自己離婚的事實。楓女士成長在嚴格的家庭，在家人的觀念中，離婚是莫大的禁忌。她的娘家完全信奉「嫁出去的女兒，潑出去的水」這套舊思維。

成長在這樣的價值觀當中的楓女士，理所當然地認定家人不可能同意她離婚，因此沒有主動告知，也瞞著親戚。結果讓她一直感到內心鬱結。

然而接觸到斷捨離以後，她注意到家裡的物品竟然這麼多，這是她從來不曾意識到的。主要的原因是前夫使用的家具，那些家具塞滿了不需要的物品丟

在那裡，宛如倉庫。

為什麼楓女士不把前夫的家具丟掉？因為楓女士對離婚感到羞恥，心中總有些不願意承認離婚的事實，所以裝作視而不見，一直置之不理。

這時，楓女士採取行動了。她把前夫的家具全部斷捨離了。結果她感到如釋重負，也向親戚報告自己離婚的消息。

時隔七年，楓女士終於能夠自由享受單身生活了。

獲得深厚的知性

為什麼丟掉多餘的物品，看不到的領域和心靈、思考就會變得清明調和呢？自從體會到丟掉衣櫃裡不穿的衣物的爽快感後，這個疑問就成了我的功課，一直在腦中縈繞不去。結果有一次，我看到以下這段話，更深刻地理解到「丟東西」深不可測的力量。

為學日益，為道日損，損之又損，以至於無為，無為而無不為。（《老子》四十八章）

這段名言的白話解讀如下：

如果想要得到知識，就要每天增加。
如果想要得到智慧，就要每天減少。
是的，因為知識是透過行動轉化為智慧的。

這段話與瑜伽思想的「**知行合一**」以及斷捨離的觀點，全然一致。要知道，知識與智慧類而不同。

- 知識——基於求知欲而蒐集的表層意識的資訊
- 智慧——透過經驗理解，深入潛意識的知性

也就是說，需要的時候隨時可以搬出來派上用場的是「智慧」，想要得到智慧，就需要「行動」。

那麼，前面說的「想要得到智慧，就要每天減少」，是什麼意思？答案就在精簡地濃縮了《老子》四十八章的下面一句話：

捨掉放手之難，就能得到應得之物。（千賀一生）

對照斷捨離，就是做出「減法」的行動，來獲得應得之物。
充塞整個空間的許多物品。
占滿全部時間的待辦事項。
費盡心思去維繫的種種人際關係。

這些在到達極限的時候，不管是空間、時間還是感情，都再也無法發揮原本的功能，所以才要試著做出「減法」的行動，清除掉淤塞，就會帶來流動。這流動的感覺，就是我所感受到的爽快感的真相。

堆積著無法被活用的人、事、物，就等同於沒有被實踐的知識。藉由「放手」，才能接近「智慧」。

如果現在的我來把《老子》四十八章超譯一番，那就是：

「有捨才有得」。

提升選擇、決定的精確度和行動速度

每一天，我一面實踐「丟東西」，同時像這樣深入思索，漸漸瞭解到為何丟掉東西，連看不見的領域和人生都會漸入佳境。

前面我說物品是「看得見的形體」和「看不見的感情」成雙成對，但物品也是「**思考的證物**」。眼前的物品，是因為你根據某些價值觀進行思考、選擇和決定，才會存在於那裡。即使是未經仔細思考而買回來的，那也反映了你的潛意識。

所以才會說「物品只是物品，卻也不只是物品」。我們就是藉由得到和丟掉這些「思考的證物」，來轉換我們的思維。

如果覺得眼前的衣服「已經不會再穿了，可是也懶得丟掉」，那麼它就是「懶、麻煩」這種逃避現實思維的證據。人與物的關係也很糟糕。這種時候，應該要面對怕麻煩的自己，把這樣的思考一起丟掉。

就像這樣，在丟掉不需要的物品的過程中，逐漸只留下「有活生生關係的物品＝心愛的物品」。如此一來，人生的「質」也自然會扶搖而上。

● **STEP1：「關係的質」提升，「思考的質」也會提升**

丟掉不需要的物品，剩下來的就是與現在的自己有關的物品，思考也不再一團亂。

● **STEP2：「思考的質」提升，「行動的質」也會提升**

思考暢通，就能採取「當下、此處、我」所需要的行動，速度也會變快。

● **STEP3：「行動的質」提升，「成果的質」也會提升**

能迅速採取適切的行動，自然就能更快做出成果，精確度也會提高。

這些變化，以人際關係來舉例就很清楚了。

比起陌生人，與相知投契的夥伴一起共事（「關係的質」提升），「思考的質」和「行動的質」更能提升，得到成果。

「行動的質」一旦提升，比如說以前的話，遇到必須向別人道謝的情況，只會想著「得找時間去做」，卻不斷拖延，錯過最佳時機，現在卻能立刻行動。結果不管是自己還是對方，都會覺得很開心。**持續斷捨離，就能提升選擇和決定的精確度，迅速採取行動。**

用斷捨離讓人生的「質」扶搖直上

不斷地做出成果，「成果的質」提升之後，「關係的質」又會更進一步提升，能夠看清以前沒發現的不需要的事物，覺得丟掉它們的門檻變低了，就像是「斷捨離ＥＱ」提高的感覺。換言之，「人生的質」會變得更好。

此外，以前做不到的事，現在能夠做到，也能帶來自我肯定感，**連與「自己」的關係都會變得更好**。

讓淤塞的人生重新來過

由於「人生的質」提升，使日常連帶出現各種小變化的例子，不勝枚舉。這裡介紹幾則我的斷捨離講座學員的實例。

- 清除辦公桌上不需要、不合適、不舒服的東西，減少了許多以前找東西的時間和麻煩，工作更有效率了。
- 整理電腦桌面上的各種捷徑，作業變得更有效率，因此我養成習慣，用過就會整理。
- 依「七、五、一法則」精簡物品後，自然變得早起，工作效率提升，回家時間提早，投入興趣的時間變多了。
- 減少廚房的各種便利烹飪工具後，準備起來更有條理，做菜變得輕鬆許多。
- 依「一個動作法則」，盡量把取用物品的步驟減少到兩個，煮飯完成的菜色比以前多了一到兩道。
- 衣物只留下真正中意的以後，燙衣服再也不覺得麻煩了。

● 把內褲和襪子捲成一團丟進收納盒以後，折衣服變成令人期待的工作。

透過物品，累積細微的變化，就會推動原本淤塞的人生，出現各種變化。以下就是印證的實例：

● 長年陷在孽緣般的戀愛裡，但依「一出一進法則」果斷地一刀兩斷後，有了新的邂逅。

● 長年來為繭居族的孩子頭痛，但丟掉象徵「對過去的執著」的大量兒童書後，與孩子的關係有了改善，讓他脫離了繭居族狀態。

● 重新檢視物品的「需要、合適、舒服」之後，對名存實亡的夫妻關係感到質疑，決定結束長年來的「家庭內分居」狀態，與丈夫離婚。

● 丟掉各種三分鐘熱度的興趣留下的「遺忘物品」，如做麵包、瑜伽課、芳療、馬拉松等等的用品，漸漸發現自己真正想做的事。現在一邊上班，一邊埋頭念書，為創業做準備。

就像這樣，**有許多實例是面對原本懸而未決、逃避、不願正視的現實後，讓人生重新來過。**

工作、伴侶和家庭這類關係，在人生當中意義重大，但離婚和離職卻給人負面的印象。其實這些是整理內心想法後，順從自己的真心，才會發生的現象。就類似人生的重新起步。

我聽到的許多例子，有許多都是進行斷捨離的練習後，不知是怎樣的因果關係，發生了意想不到的事，像是「斷捨離之後，我結婚了」、「懷孕了」。這已經超越實證的領域，是只有親身實踐的人才能明瞭的神祕體驗。

「有捨才有得」是真理。

斷捨離就是在促進人生的新陳代謝。

經驗談8

丟掉開運小物，人際關係好轉了

順子女士（假名）一直持續慢慢地進行斷捨離。

然而不知為何，房間裡擺得到處都是的開運小物卻一直沒有成為斷捨離的對象。但當她強烈地意識到「我要認真面對物品」後，她開始注意到「招財貝殼和黃色小物」、「改善人際關係的松鼠擺飾」、「招來好運的龍的雕像」等，散發出格格不入的氣息。

「清掃起來很麻煩，走路的時候還會擋到，我怎麼一直讓它們擺在那裡呢？」順子女士深思之後，得到結論：「我是不是誤以為我沒辦法靠自己掌握幸運？」那麼，為什麼她會這麼想？

她在其中看到了缺乏親情、經濟拮据的孩提時代。不顧家庭的父親、管教嚴格的繼母，由於和朋友的家庭不一樣，自卑感讓她對人際關係感到痛苦，學會了「被動」與「認命」。

現在順子女士已經結婚，過著乍看之下幸福美滿的生活，內心深處卻依然恐懼著經濟窮困，也不擅長經營人際關係，並缺乏自我肯定。這些都反映在數量驚人的開運小物上。

順子女士驚覺到這一點後，毅然對開運小物進行斷捨離。結果她感覺到無法形容的清爽，並對能夠放手的自己自豪不已。

而且還發生了意想不到的事。順子女士一直無法原諒繼母而疏遠了她，但相隔十五年後，她去拜訪了現在住在老人院的繼母。擁抱以前嚴厲待她的繼母嬌小的身體時，她忽然醒悟「繼母並不是不愛我，她只是從她的立場，在當時的環境下，盡力把我扶養長大」，過去的芥蒂完全冰釋，隨著淚水徹底流盡。順子女士也去為父親上香掃墓。她從未想像自己居然能有如此平靜的感受。

此後，順子女士能夠自在地與公司同事相處，連原本有些摩擦的職場人際關係都好轉了。

順子女士就是透過開運小物的斷捨離，覺察到一切問題都是源自於缺乏自我肯定，成功地放開了折磨著自己的執著。

做出最適合現在的自己的選擇和決定

自從促使我對衣櫃進行斷捨離的「那天」以後，轉眼約十年過去。某天的一場經驗，讓我對斷捨離有了更深一層的認識，那是我生平第一次踏進真言密教的聖地高野山。

我從住家所在的石川縣搭乘電車和纜車，抵達山頂，該地空氣的靜謐和透明感深深地震撼了我。供香客住宿的宿坊只有榻榻米和紙門，沒有任何多餘的物品。素食料理的滋味也極為深奧，彷彿沁入五臟六腑。

我一個人坐在簷廊，望著清掃庭院的年輕修行僧，心裡湧出一種感覺。如果以「場所」、「空間」和「生活」來表現斷捨離，應該就是：

高野山這樣的「場所」
宿坊這樣的「空間」
修行僧的「生活」

我立刻感到歸心似箭。因為我想要立刻在自家重現這樣的感受。要接近在高野山體會到的清淨的「場所」和「空間」，不需要過剩的設備和昂貴的裝潢。我確信只要有「空間」這樣的留白，以及讓人想要深吸一口氣的「空氣感」就夠了。

在高野山得到的體悟，讓我深刻瞭解到空間擁有的力量，對斷捨離的意象也更加明確了，這是一次難能可貴的體驗。

不用說，回家以後，我的斷捨離有了飛躍性的加速進展。

當時的我自以為非常瞭解減少物品的重要性，但僅止於從「要不要丟掉」的物品觀點來看待事物。當然，這也是很重要的，但也只是停留在表面的理解而已。

因為我從來沒有經歷過像高野山這種「體現斷捨離的場所」。而且那裡是信仰的聖山，長達一千兩百年之間，刻劃著神聖的歷史，完全就是「斷捨離的終極範本」。那裡讓我感受到壓倒性的空間磁場，彷彿身心都不斷地得到淨化。

「沒錯，我就是在追求這樣的空間！」

高野山的體驗，刷新了我對斷捨離的解釋：

斷捨離是創造清淨的「場所」、「空間」與「時間」的技法。

我感覺到從俯瞰、捕捉整體的角度來省思這些問題的必要性：

- **我希望自己是什麼樣子？**
- **我希望空間是什麼樣子？**

而不只是從「需要／不需要」、短視的物品觀點來檢視。

當然，這不單純只限於「整理」的層面而已。

當然，不必去到高野山，只要運用自己的思考、感覺和感性持續斷捨離，自然就能學習到這樣的觀點。

比方說書架這個收納用品。

隨便亂排的「書本」減少之後，重心就會轉移到是在安排「書架」這個空間的感覺。

原本應該是在減少書本的數量，不知不覺間重心卻轉變成「要讓書架顯得美觀、具備功能性，這樣的量剛剛好」。觀點就此改變，這也是**拱手交給物品的空間回到自己手上**的感覺，是人類無法用知識量、ＩＱ去測量的知性。

我稱其為**「俯瞰力」，學習到俯瞰物品的能力後，思考的精確度便會提升，從而做出對現在的自己最好的選擇和決定。**

那麼，「俯瞰力」具體來說是什麼樣的能力？

成為史上最年輕的職業棋士、獲得矚目的藤井聰太七段，聽說他小時候都玩瑞士滾珠積木 cuboro，引發話題。cuboro 是透過組合零件，創造讓珠子可行經通道的積木遊戲。

聽說他能在短短幾分鐘內破解連大人都覺得困難的玩具，讓母親驚訝不已。這種積木是木塊裡面有外面看不出來的通道，就是要挑戰如何組合，才能讓珠子通過。據說這種玩具能培養「空間認識能力」，連帶影響了下將棋的技術和戰略思考。

說到空間認識能力，想想足球隊的中場球員的角色就很容易懂了。中場球員雖然身在平面，卻必須以俯瞰的角度掌握球場，判斷要「傳球給哪一名選手才好。」

掌握球場整體的狀況後，要以多大的力道、朝哪個方向傳球才好？球隊為了得勝，必須在瞬間做出「該如何反應」的判斷。

「整理物品」與「創造空間」的不同

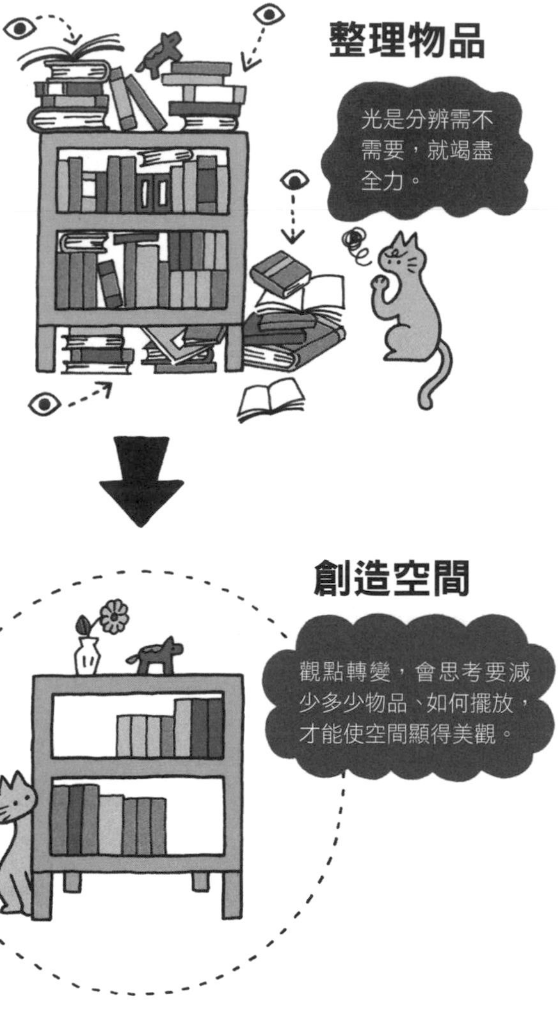
整理物品
光是分辨需不需要，就竭盡全力。
創造空間
觀點轉變，會思考要減少多少物品、如何擺放，才能使空間顯得美觀。

當然，不能說職業棋士和運動選手的「空間認識能力」與斷捨離所說的「俯瞰力」完全相同，但只要**透過住處的斷捨離，從物品軸思考轉移到空間軸思考，得到俯瞰的思考方式，一定能成為「人生的達人」**。

- **這是無關地位、名聲、學歷、經濟力的、通往人生達人的道路。**
- **會更加瞭解自己、愛上自己。**
- **思考、感覺、感性會變得更敏銳，得到「生命的喜樂」。**

透過與物品的關係打造空間，實現這些理想的，就是「俯瞰力」。

人生在世，煩惱無窮無盡，也會不斷地遇到必須解決的問題。斷捨離就是從認清現狀開始做起。

透過對物品的取捨選擇，瞭解自我，提高自我肯定感的話，從物品軸轉換到空間軸時，就能有足夠的力量果敢地去處理問題，而不是任由煩惱擺布。

不僅如此，也會不再拘泥於幸或不幸，連逆境都視為一種經驗，學習到忠於自我、快樂生活的觀點。

恢復「身體、心靈、生命」的功能

東洋的身體觀裡，有「**部分即全體／全體即部分**」的觀點。

譬如說，刺激腳底、手掌和耳朵等部位的區域反射療法（Reflexology）就相當有名，亦即刺激腳底特定的部位，就能治療身體相呼應的部位。厲害的治療師只要看到腳底的狀態，並且觸摸，就能瞭解病患全身的狀態。

數學和幾何學的領域當中，也有相似的觀點。比方說在自然界，葉脈與樹木整體的外形相似，這樣的相似現象稱為「碎形」（fractal）。

斷捨離也納入了「部分即全體／全體即部分」及「碎形」的概念，有如下的觀點：

「看到住處，就能知道那個人的內在和人際關係。」

「看到錢包，就能知道那個人的居家狀態。」

我看過數不清的住家，因此敢如此斷定，但這並不是只屬於我一個人特別的能力。

我們平時就會從對方不經意的表情或言詞口氣去推測對方的內心。也就是認為「部分就是那個人自身的投射」。在斷捨離當中，會把這種「部分即全體」的觀念融入「空間」裡。

舉辦講座的時候，每當我問「**我們的身體這個容器裡面裝著什麼？**」學員都會回答「肌肉」、「胃袋」等等。確實，身體裡面有肌肉也有胃袋，但只是裝著這些東西，並不會發揮作用。更重要的是裡面有「**生存的機制**」。不，或許說「生存的機制」棲息在體內比較正確。一言以蔽之，就是「生命」。

此外，日語的「身體」（讀作 karada），語源來自於「空」、「殼」（二字均讀作 kara），完全就是容器。

那麼，我們的住處是盛裝什麼的容器？

住處就是「身體」的容器。「身體」裡面棲息著「生命」，因此住處裡面的東西，應該是要使生命健全的物品才對。相反的，對生命有害的物品必須排泄出去才行。

然後，「身體」這個空間裡面裝著「心靈」，也可以說是「情緒」。

那麼，如果「心靈」也是容器，裡面裝的就是「意識」。「意識」也會造成莫大的影響。是讓自己開心的意識？還是否定自我的意識？意識的內容，會影響自我肯定感。這影響顯現在身體，或是反映在住處，便是「部分即全體」的機制，就如同俄羅斯娃娃，是一層又

「心靈、身體、住處」就像俄羅斯娃娃

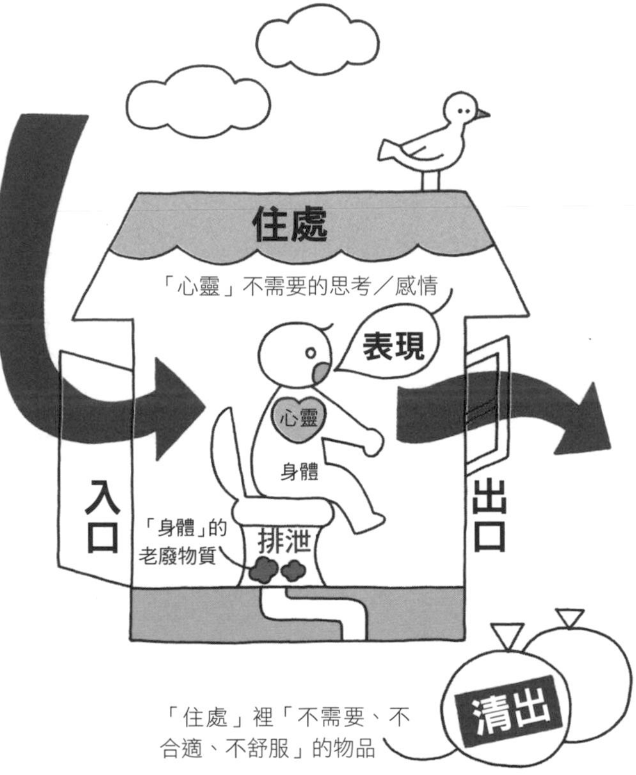

就和身體一樣，住處也有入口和出口，流動的空間裡面住著「生命」。打理好「住處」這個大空間，「身體」、「心靈」空間就會變得調和，「生命」自然會健康茁壯。

一層、層層互套的。

但看不見的「心靈」不容易察覺，「身體」看得到外面，卻看不到裡面，「生命」也是看不見的。

斷捨離的根本思想是「新陳代謝」。居住空間最理想的狀態是隨時都在代謝（＝更迭），因此只要持續進行「活用進來的物品，清出不再使用的物品」的循環，場所就會漸漸充滿活性能量。

「身體」如此，其實「心靈」亦是相同的。如果想法和感情只是不斷地累積，不釋放出來，只是思考而不表現，感情和思考也會變得停滯。

「身體」、「心靈」、「住處」都有出入口，其中必須有「流動＝新陳代謝」才能成立。這三者當中，最清楚可見、能親手讓物品進出的，就是「住處」。

「身體」、「心靈」、「生命」都被包括在「住處」當中，而且與「住處」的一切相關聯。因此丟掉不需要、不合適、不舒服的東西，有助於恢復這三者全部的「空間」功能。

擁有這類結構的事物，在我們的周遭隨處可見。其實我們的人生，也可以視為一個「空間」來看待。

在人生的入口呱呱落地，並走向死亡這個人生出口。這中間會遇到什麼樣的事、什麼樣的人，又與他們離別？或者，公司、學校、地方政府等等，也可以理解為有出入口、有流動的空間。只要將這些全都視為具備有機生命的活動，自然就能看清它們原本應有的樣貌了。

溝通能力大幅提升

時間、空間、「手間」（日文「勞力」之意）——愈是瞭解斷捨離，就愈常遇到「間」這個字。「間」這個字當中，究竟隱含了什麼樣的訊息？

要理解「間」，從人際關係來看似乎是最直截了當的。

如果想要維持良好的人際關係，就必須意識到「間」。

把這裡說的「間」，想成「空間的間＝距離」和「時間的間＝頻率」，應該就很容易明白。或是想成空間與時間的「密度」也可以。

人際關係不管是彼此的距離過近或過遠、接觸的頻率過多或過少，都無法完善運作。

距離太近，有時令人厭煩；距離太遠，有時又讓人寂寞。而頻率太高，會讓人覺得麻煩，頻率太低，又讓人覺得好像被拋棄了。

以前我聽說過這樣的例子：

有一位女士從兒時到青少年時期，都飽受異位性皮膚炎困擾。西醫不用說，她也試遍了中藥、針灸、整骨等替代醫療，症狀卻毫無改善，就這樣從高中畢業，離開父母，去外地讀大學了。對父母來說，治療的時間、勞力和金錢，負擔應該都相當大。

然而令人驚訝的是，離開父母之後，她的異位性皮膚炎竟然不藥而癒了。

在目前，異位性皮膚炎的病因依舊不明，也沒有明確的治療方法，甚至連它的語源，在希臘文的意思就是「奇妙、不可思議」。

雖然說為異位性皮膚炎困擾的人，不一定也能以她那樣的方法治癒，但試過所有的治療都無效的她，只是和父母保持距離，就徹底痊癒，彷彿從來不曾發病。

這裡要補充一點，她和父母的關係絕對不差。她本身也很尊敬認真、嚴格卻也慈祥的父母。

儘管深深感謝為了治好她的異位性皮膚炎而東奔西走的父母，但其實她在內心也感到沉重的負擔。不過父母和她之間這樣的「功能不全」並沒有浮上意識表層，而是透過身體的問題來傾訴。

也就是說，愈親近的關係，愈需要維持對彼此合適的時間與空間的密度——至於是近一點好，還是稍微拉開一點距離好，因人而異。同時這並非永遠不變，現在的她和父母，又有了不同的合適距離與見面頻率。

就像這樣，空間與時間的密度，對人際關係具有莫大的影響力。親子、夫妻、兄弟、朋友、上司部屬……所有的關係皆是如此，卻沒有說的那麼容易做到。要理解適合當下場合的「間」，以恰到好處的密度互動，極為困難。許多人都像從前的她那樣，對原因渾然不覺，維持著距離和頻率都不恰當的人際關係。

正因為如此，**意識到「間」，就能體驗到自己和他人的溝通力大幅提升**。

而且日文「人間」（人類）一詞，不是單獨「人」一個字，而是有「間」才能成立，因此更要去意識這個「間」是否完善地發揮功能。如果能在日常生活中自然地做到，就能與人、事、物等所有的現象建立起功能完善的關係。

要理解「間」，也可以效法口才便給的人。口才便給的人毫無例外，都很會拿捏對話時的緩急分寸。像是在第一線活躍的藝人、落語（單口相聲）家，就把這樣的技術提升到「話藝」的藝術領域。

我聽說過實力和人氣都屬當代第一的某位落語家的軼事。

在表演由上下兩部構成的故事的時候，在第一部的最後會預告「休息結束後立刻開始」，然後第二部開始。在一片寂靜的會場中，聽眾都屏聲斂氣，迫不及待。

結果臺上的落語家察覺緊張的氣氛，說：

「……大家可以呼吸沒關係喔。」

結果聽眾席哄堂大笑，落語家趁眾人放鬆的機會，立刻進入正題。

這樣的緩急，正是藝術的節奏、時機。可以感受到聽眾是多麼開心地全神投入落語家所打造出來的現場氣氛。

尤其落語不僅是講求故事的有趣，更是享受落語家講述節奏的藝術，在所有的表演藝術當中，「停頓、空白」的重要性都廣受論述。

前面舉的是藝術領域的例子，但對我們來說，要活得快樂，這樣的停頓、時機，「合拍」的感覺，是不可或缺的。

意識到時間、空間、「手間」（勞力）等個別的「間」，臨機應變，人際關係就能更圓滑，溝通的品質也會更好，人生過得更愉悅。

已經看出來了嗎？

在日常生活中，每個人都能做到的領會「間」的方法，就是透過「斷捨離」找回寬裕的空間。也可以說是透過看得見的物品來俯瞰空間，在住處找回「間」的程序。

具體來說，就是依照九十九頁的「七、五、一法則」，將物品精簡到最適合空間的量，給予空間適當的「間＝寬裕」。

- **是不是塞了太多東西，「缺少空間」？**
- **減少物品，「留下空間」，看起來如何？**
- **精選物品，「安排空間」，感覺又如何？**

像這樣自問，應該就能體認到空間逐漸恢復清新的呼吸。不過這完全只是基準，**只要學會意識整體空間的思考、感覺和感性，接下來便自然能去衡量適合自己的距離。**

延續前面提到的演藝圈話題，某位劇本作家說，在搞笑藝人之中獲得成功的人，許多人的住處都很清爽，沒有什麼雜物。

搞笑這回事，沒有清楚靈敏的頭腦是做不到的，特別要求能信手拈來、恰當比喻的發想力和即興力。除了記憶整理得有條不紊之外，是否也是因為留白處棲息著「覺察」和「靈感」？

雖然是超乎道理的解釋，但或許可以說，住處的樣貌就反映出他們的表演。

斷捨離也是「留白」的創造。

這些累積成為時間的「留白」、話語的「留白」、互動的「留白」，為當下的人際關係保留最恰當的距離。

人生的達人，也是「留白」的達人。斷捨離提議在享受日常生活的過程中，學習運用這些「留白」的技術。

超乎想像的快樂人生在等著你

物質的最小單位是「基本粒子」，而空間的最小單位「基本領域」，聽說也在近年被逐漸證實。基本領域的集合體，會創造出超越一般物理法則的存在，也有專家說，向基本領域的空間投射「愛」與「祈禱」的意識，就能獲得莫大的力量支持。

我並非專家，無從解釋上述的內容，但日文的「間」也可以用「SPACE」（英文的「宇宙」）來表現，絕非偶然。以為「空無一物」的地方，其實蘊藏著重要的事物。

空白並非真的完全空無一物。

裡面有著幫助我們、讓我們心情雀躍、舒適寫意、以愉快的關係相連結的事物，所以空間才會充滿了溫暖。

斷捨離從「放掉執著的行法」這樣的理解起步，但現在我要刻意將它形容為「**淬鍊執著的方法**」。因為「放掉執著」這樣的發想本身，無疑就是一種莫大的執著。

透過斷捨離得到的人、事、物，都是因為我們深愛，才會選擇。可以說是你的執著淬鍊之後的結果。

我也是在不斷的摸索、失敗當中走過斷捨離這條路，這條讓我的人生出現重大變革的路。同時，許多人實踐斷捨離，有了令人驚豔的變化。為什麼精簡物品、整頓空間，會具有改變人生的力量？我想可以用以下一句話來概括：

用斷捨離獲得空間之力相助，
超乎想像的快樂人生就在不遠處！

一起用斷捨離找回生命的喜悅，踏上嶄新的快樂人生吧！

第4章

斷捨離的愉悅生活提案

銘記「活在當下」、「重視自我」、「奉獻」，
持續斷捨離，
就能在找回呼吸的美好空間裡，
過著愉快、自在的人生。

限制「清出」，就無法愉快

我要重申，斷捨離就是「**清出**」。

如果只是單純的垃圾和雜物，當成「垃圾丟出去」就行了，但若是與當下自己的關係已經結束、或是會剝奪精力的物品，不管要丟掉還是回收，總之要以適當的方式處理掉。

有進無出的空間，會讓我們陷入停滯。

二〇一一年的東日本大地震，各位應該記憶猶新，當時許多人逃出災區，卻在避難所過世了。我在內閣府的「提升『生活品質』檢討會」上聽到，這與「排泄」有密切的關係。

避難所因為有便當和流動廚房，即使有些不足，仍然可以攝取營養。然而由於廁所數量不足，許多長者忍耐著不願排泄，導致身體狀況每況愈下。據說廁所本身也動不動就堵塞，即使想上廁所也不能使用。排泄對人類來說就是如此重要，同時也是個盲點。

發生重大災害時，我們立刻就會想到要「送食物」到災區，卻鮮少有人想到要「送廁所」過去。在這裡，我們也是只注意到進而不是出。

我們從出生到成長的過程中，都被迫限制「清出」的行為。我聽說過「會便祕的只有人類和寵物」，不同於野生動物，只有人和寵物無法在想要的時候隨處自由排泄。我們遇到過無數必須忍耐生理需求的狀況，已經潛移默化，接受了這樣的狀態。

垃圾也是一樣的。我們沒辦法在想丟的時候隨意亂丟垃圾，必須遵守丟垃圾的時間和分類規則，這些也會抑制丟掉不需要的物品的決心。

偏激一點地說，**我們實際上是「把櫥櫃、衣櫃、閣樓、地板下收納當成垃圾場使用」。**

也就是說，**住處的「排泄」停滯，導致居民失去元氣，提不起幹勁，結果不斷地萎靡下去。這樣實在無法過著愉悅的生活**，也不只是「環境亂糟糟」層級的問題了。

「清出」不只是對物品，對感情也是很重要的。物品和心靈乍看不同，但本質是一樣的。以下的例子，主角便深刻地感受到這一點。

經驗談9

釋放自己的感情，就不會受到他人的觀念左右

斷捨離的講座有許多因為「沒辦法丟東西」而煩惱的人來參加，其中早智

女士（假名）從她陰沉的表情，也能看出她的苦惱格外嚴重。

「我沒辦法丟掉過世的兒子留下的東西，覺得很痛苦。大型家具勉強是處理掉了，但怎麼樣都無法再繼續下一步。我不能永遠沉浸在悲傷裡，所以想要快點處理掉他的遺物，繼續前進……」

但她的話總讓我覺得不太對勁，我問：「『不能永遠沉浸在悲傷裡』，是妳自己的想法嗎？」早智女士搖了搖頭。其實這麼說的都是她身邊的人，早智女士本人仍處在深切的悼痛裡。

因此我說：「不要把悲傷強壓在心裡面，請妳盡情哭泣吧。」早智女士聽了激動萬分。早智女士無法跨出去的痛苦，原因不是無法丟棄，而是不被允許釋放她的感情。她就是無意識地想要同意別人乍看之下出於善意的觀點，才會如此痛苦。

我提醒早智女士，重要的是覺察自我真正的感情，而非附和他人的觀念。

先把封在心裡的感情釋放出來。不管花多久都沒關係，徹底釋放感情後，早智女士才有辦法踏出新的一步。

過著自覺、自主的生活

以前我曾聽警方人員和媒體記者提到：

「犯罪者的家，或發生犯罪的家庭，很多都是物品氾濫，一片雜亂。」

我認為犯罪事件是某些「原因與結果」的表徵，斷捨離將其視為「相」。

「相」以手相、人相為代表，就是從「看得見的領域」的資訊，來診斷其中「看不見的領域」的狀況。因此以犯罪來說，可以解讀為「雜亂的居家環境」就是犯罪者的「相」。

手相和人相應該難以改變，**但住處的「相」，應該是可以立刻改變的。**

我經常在講座中引用德國詩人歌德的話：

「人類最大的罪，就是不快樂。」

那些犯罪或許都有直接的契機和原因，但毫無疑問，絕對是不快樂到了極點的結果。

我強烈地感覺，讓犯罪者的不快樂變本加厲的主因，就是雜亂的居家環境。

希望我們都能意識到，居家環境具有如此大的影響力。然後就像我再三重申的，要改善居家環境，「清出」是很重要的。

那麼，意識到需要「清出」並且行動，會發生什麼樣的變化？

- **生活會產生「流動」**
- **人生會出現新陳代謝**
- **因為瞭解到清出有多困難，納入的時候就會更謹慎**
- **會有意識地納入讓自己變得更好的物品**
- **最後物品會變成適量，生活的尺度也會最佳化**

因此有不少人說他們因為斷捨離，**「成功減重了」**；也有人說斷捨離讓他們**「開始存錢」**。這就是在「飲食」和「金錢」方面發生了相同的意識改革的證據。

相對地，也有人說「想要提高生活品質，開始把錢花在裝潢家具上」。

與物品的關係發生變化，同時內在也出現了這樣的變化。

過去只是漫不經心、得過且過，但現在學到了面對物品，思考時間軸（當下）和重要軸（自我），質問物品與空間的平衡及關係的思考方式，能夠去意識到「此時、此地、我」了。

也就是**變得能過著自覺、自主的生活。**

捨去與家人相關的煩惱

開始斷捨離，第一個會遇到的阻力之一，就是與家人和室友的關係。因為隨著對自己的物品的觀點改變，也會覺得對方的東西很礙眼。

「我這麼努力，為什麼你不肯配合！」「留這麼多廢物做什麼！」也會有許多人湧出這樣的憤怒。

人也是動物，同一個空間有兩個人以上，就會出現占地盤的行為。這是每個人都擁有的、想要得到肯定的渴望，也就是「認同我吧」、「理解我吧」的心情表徵。人不是狗，所以是用物品來標示地盤。如果這樣的情緒沒有得到滿足，行動就很容易逐漸失控。

此外，如果「相互理解」的意識稀薄，就會覺得別人的東西看起來都像垃圾，因此會忍不住脫口說：「把那個垃圾丟掉！」或者就直接任意丟棄，引發爭端。

在有室友的住處進行斷捨離時，必須注意的是，**不管覺得別人的東西有多礙眼，都絕對不可以擅自亂動**。

即便是家人，如果自己的東西被隨意丟棄，就形同「原本屬於自己的選擇和決定遭到侵犯」。人生的選擇和決定，都是屬於每一個人自己的。

覺得對方的東西看起來像垃圾的時候，必須好好地滿足對方想要得到肯定的渴望。很多時候，表現出「我想要理解你」的態度，就能夠平息對方占地盤的行動。

但事實上幾乎所有的案例當中，**「愈是覺得別人的東西礙眼的人，愈處理不好自己的東西」**。

然而卻覺得都是「別人的東西害的」，萌生批判、被害意識，長期懷抱著根深柢固的負面情緒。

此外，如果一直心想「為什麼他就是不肯收拾」，寄望他人，只會徒增自己和別人的壓力，絕對無法讓情況好轉。

那麼該怎麼做才好？這裡有一個絕招。

那就是自己樂在其中地對自己的物品進行斷捨離。「斷捨離好厲害！」「開始斷捨離以後，連心靈都清爽起來了！」讓對方看到你愉快斷捨離的模樣，對方的心防就會跟著化解。享受的模樣，才具有打動人心的力量。

此外，措詞也很重要，要說「挑出你喜歡的東西」，而不是「把這個丟掉啦！」我們因為缺乏「尊重彼此價值觀」的體恤，往往會把自己的價值觀強加於人。因此如果想要責怪對方，先想想「為什麼他／她會這麼做？」然後盡量拋開「想要對方怎麼做」的期待。

儘管很難徹底做到，但光是意識到「啊，我現在正在過度期待對方」，就能萌生體恤之情。

我們的煩惱多半起因於人際關係，但其實**製造煩惱的根源，幾乎都是「對別人一廂情願的期待」，也就是過度把自己的價值觀強加於人**。這與對別人的關愛、依附是一體的，因此關係愈親近的家人、情人，愈容易出現這種情形。

但即使想要努力拋開這樣的感情，畢竟是發生在看不見的心靈領域，不是那麼容易做到的。所以才要透過對物品的斷捨離，練習慢慢地放掉對他人的期待和執著。

如果想要期待對方、責備對方，就想著「以身作則」，自發行動。如此的積累，可以讓我們學習到如何與對方保持距離，捨去人際關係的煩惱。

以下介紹一則實例。

經驗談10

捨去「一廂情願的期待」，對方也有了改變

美香女士（假名）說她實踐了斷捨離好幾年，「體驗到心靈的解放」，但

有收藏癖的丈夫是她煩惱的源頭。儘管她多次告訴丈夫斷捨離是多麼有意思、有意義的整理收納方法，丈夫也毫不關心。

美香女士的丈夫興趣是蒐集物品，不光是放在書房，他甚至租了倉庫，不停地買來各種東西。他的收藏有真空管收音機十七臺、畫作二十幅、化石、隕石，硬幣有一大箱，古典樂CD和全套藏書有一百冊，其他藏書則有三百冊。最令人驚訝的是倉庫裡未曾打開的兩個紙箱內容物。小心地打開來一看，裡面塞滿了網拍買來的「繩文時代土器」碎片！

這樣下去家裡會變成魔窟！美香女士感覺到危機，丈夫卻對她的勸說充耳不聞，反而愈來愈頑固。

某天，美香女士看著丈夫出門上班的背影，覺得他的背影怎麼變小了……丈夫在職場的責任愈來愈重，感覺疲倦的表情也變多了。「現在的住處，丈夫覺得舒適嗎？」美香女士重新看了看丈夫的書房，滿坑滿谷的東西，連地板都看不見。

隔天美香女士懇求丈夫說：

「請讓我把你的房間重生為美好的書房。」然後她要求「把東西先暫時保管在其他地方」，而不是說要丟掉。

美香女士首先將丈夫的興趣進行分類。丈夫最喜歡的真空管收音機以牆面收納漂亮地展示起來，每個月將不同的化石和隕石等陳列在玄關。

看到自己的收藏展示在玄關，丈夫非常開心。看到妻子細心保管無法擺飾出來的收藏品，原本堅持「絕對不丟」東西的丈夫，開始說起「不需要這麼多」。結果寶貴的化石和真空管收音機都捐給了鄉土博物館，減少了相當多的數量。

完全就像是北風與太陽的寓言故事。美香女士的期待是讓丈夫瞭解到空間的舒適感，而非硬是把東西丟掉。不過她和丈夫做了一項約定，那就是一年以後要檢查保管空間裡的物品。如果有什麼東西一年內都沒有拆開來看過，再來討論要如何處置。

丈夫最近不再像以前那樣愛買東西了，但美香女士自己也透過這個方法，拋開了「希望丈夫整理」的念頭。

讓人生愉悅的三大原則

閱讀各種以「成功」為主題的財經書籍和成長書籍的過程中，我發現了一件事，那就是每一本書費盡千言萬語，都只是在反覆說明以下三大原則：

- **活在當下**
- **重視自我**
- **奉獻**

「奉獻」相當於斷捨離的「捨」。四十五頁說明了「捨」和「棄」的不同，但「捨」也有「施」的意思，抽象化地說，就是「出」。本來以為要獲得成功，就必須貪婪地「吸收」各種事物，沒想到其實相反，不斷地放手，奉獻給周遭，就會發生大規模的循環。

「活在當下」即是「時間軸是現在」，「重視自我」則相當於「重要軸是自己」的觀點。取捨選擇物品時的兩項基準，與開拓人生的心態居然相同，這應該不是單純的巧合。

我們每天都在進行某些選擇和決定，並接納各種物品。換個觀點，就可以理解我們在接納物品的同時，其實也接納了做選擇和決定的「時間」、「勞力」，以及對物品的「感情」。也就是說，物品或許可以說是「時間」、「勞力」、「感情」的象徵物。因此透過斷捨離，**精選「喜愛」的物品，就是「提升時間花費與勞力消耗的品質」**。

此外，**把物品精簡到只和「現在」的「自己」有關的物品，也可以說是「拉近心靈與物理世界」**。以下將進一步探討它的內涵。

物品是「有形的、不會活動的存在＝物體」，但我們的心靈卻是忙碌地在未來與過去之間穿梭往來，老想著「總有一天、要找個時間」或是「當時真是美好」。

雖然沒有形體，但眼前我們所得到的種種物品的累積，就是這些想法的證據。也就是象徵著擔心匱乏而不安的過多日用品庫存，以及證明過去光榮成就的獎狀獎盃等等。

而且如果日常生活中會看到這些「證物」，我們就更容易迷失「現在」。因為它們在物理上不斷地存在於眼前，影響我們的表意識與潛意識，更進一步阻礙應該要活在「當下」的我們。

因此**把物品精簡到只和「現在」的「自己」有關的物品，打造出支持我們「活在當下」**

的情境，才能接近成功三原則。

每個人成功的價值觀都不同。有錢才算成功，還是出名才算成功？何謂「成功」，是因人而異。但每個成功者的共通之處，應該是他們都擁有「人際關係」這項資產。我本身便深刻體會到，**「因為斷捨離，我累積了人際關係這項寶貴的資產」**。

此外，**最大的內在變化，就是不管對自己還是對別人，都能「坦然」以對**。這說起來容易，其實非常困難。

這正是將淹沒家裡的「不需要、不合適、不舒服」的物品汰除，只留下「需要、合適、舒服」的物品的狀態。以結果來說，「不管被人看到家中任何一個地方都不要緊」，能帶給自己超乎想像的自信心。

我家的訪客經常會驚訝：「真的是不管打開任何一處都好整潔！」我認為自己站在推廣斷捨離的立場，這是很基本的事，但一般來說，這應該極難做到吧。

最重要的是，對我而言，**斷捨離並非麻煩的收納整理這類家事勞動，而是伴隨著「愉悅」的居家維護，是為了讓人生過得更快樂的維護工具**，因此是很自然的行動。

像這樣順從自己的思考、感覺和感性，即使面對他人，也能表裡如一地表達自我。也就是能自然地展現自我，結果對方也會卸下心防。如此一來，「好緣分」就會加速度地增加。

什麼叫做「好緣分」？這讓人聯想到佛教詞彙「**啐啄同時**」。

小雞孵化以後，會從蛋裡破殼，發出的聲音叫「啐」，這時母鳥會立刻從外面破殼，這叫做「啄」。這「啐」「啄」同時發生，小雞才能破殼出生。

「啐啄」應用在修道上，就是弟子即將悟道，師父就必須及時教導，引導弟子開悟。如果我是小雞，那麼過去的種種邂逅就有如母雞。每當我想破殼而出，就會在絕妙的時機出現外來的支援。

也就是說，**透過斷捨離，實踐「活在當下」、「重視自己」、「奉獻」這三要素，內在發生的變化與外在遇到的緣分神奇地彼此呼應的情況，就會愈來愈多。**

在重視「啐啄同時」的整骨領域，也將它稱為「機、度、間」。

- **機：機會、時機**
- **度：程度、力道**

●間：間隔、節奏

厲害的整骨師，能精準地捕捉到患者的身體想要的「機、度、間」。

在我的人生當中，透過斷捨離，對「機、度、間」的把握也變得愈來愈精準。感覺就像是內在領域和外在領域的齒輪完美地嵌合在一起。

這類令人感激的巧合真的多不勝數，其中幾年前在某次研習旅行發生的事，令我印象格外深刻。

因為是海外研習，我搭乘飛機移動，結果在各種因緣際會下，我不是坐在原本訂的座位，而是搭上了頭等艙。

這是我第一次坐頭等艙。而且令人驚訝的是，隔壁座位坐的是我長年尊敬、崇拜的某位大企業家。我在把斷捨離當成思考工具持續改良的過程中，也參加過幾次有那位人士出席的讀書會和演講會，但這是我第一次與他一對一交談。對話本身並沒有什麼，但讓我銘感至深。

我到現在都還清楚地記得，這場偶然的邂逅推動我繼續前進，讓我覺得「我走的這條路是對的」，給了我莫大的鼓勵。

有許多人一個人默默地進行物品的斷捨離，和我一樣發生了類似「啐啄同時」的意外經歷，使人生出現戲劇性的改變。以下介紹其中一位的體驗。

經驗談11

斷捨離之後，實現了買房的心願

知華女士（假名）從以前就喜歡閱讀主婦雜誌，總是從第一頁讀到最後一頁，任何內容都不放過。婚後成為主婦以後，她更是勵行節約，這全是為了實現買房的心願。

「今天打三折，一口氣買多一點吧」、「雨天點數比較多，盡量下雨的時候去買吧」，就像這樣，她每天花費大把時間和勞力，買下一堆便宜但「現在用不著，不過總有一天會用到」的東西。因為她深信這樣才叫「稱職的主婦」。

知華女士接觸斷捨離以後，最受衝擊的是她過去一直努力執行的省錢方法，其實大錯特錯。

在斷捨離的觀念中，「對於自己中意的商品，反而寧願付出更多金錢」。比方說，與其存一堆點數，換來不怎麼樣的贈品，倒不如貢獻給店家，是這樣的態度。

知華女士醒悟到，重要的是現在的自己需不需要，而不是拘泥於那幾十圓日幣的折扣。因此她把集點卡全部撕掉，並明確地釐清購物時的準則：「我想要的不是點數，而是商品。」

此外，她也改變了想法，認為：「與其撙節伙食費，更應該爽快地付錢給精心種植出美味蔬果的農家。」結果她注意到飲食文化的美妙之處，漸漸地轉變為以穀物蔬食為中心，伙食費也大幅減少。由於用油烹調的菜色減少了，餐具只需要水洗即可，也省下了清潔劑的費用。

從這時候開始，她體認到日常生活中，其實並不需要那麼多東西。她一口氣丟掉衣櫃、五斗櫃、吧檯、兩面鏡子、三十件衣服，把三大箱昂貴的外國精裝書捐給了圖書館。

同時，她從留下的居家裝潢書籍和雜誌中剪下喜歡的廚房、浴室、廁所等照片，將理想中的居家樣貌整理在筆記本裡，結果就在這時候，丈夫邀她「一起去看房子」。

就在一個月後，他們買下的房屋幾乎完全符合她隨手寫在記事本中的條件，也重新改造成接近筆記內容的設計，完全就像美夢成真。

「能感覺到光與風的家」——這就是知華女士心目中理想的家。現在她住在看得到山景和夕陽、感受得到海風的家裡，每天都沉浸在愉悅中，每當觸摸到散發太陽氣味的衣物和寢具，便體認到自己有多幸福。

知華女士透過斷捨離，得到了心心念念的理想新家。

斷捨離讓各個領域都變得愉悅

讀到這裡，我想各位應該都已經理解斷捨離不僅能大大地改變人生，同時也是「愉悅生活的工具」。接下來將詳細說明斷捨離要如何應用在收納整理之外，使人生變得更加愉悅。

持續斷捨離，住處的「氣」就能順暢新陳代謝，這種達到自然的境界，我定義為「**自在**」。自在這個詞聽起來有點難，但簡而言之，就是「**能夠做自己、愉悅、調和的狀態**」。做自己，並非我行我素，反而是周圍的人會來支持，是這樣的感覺。

以剛出生的嬰兒為例，就很容易明白了。

需要哺乳的嬰兒只要哇哇大哭，就能吸到奶，只要排泄，就會有人清理，完全是自在的狀態。換個說法，是確信「**需要的時候，可以得到需要量的需要之物**」。

然而，隨著成長，不斷累積經驗，我們的心開始萌生不安和恐懼，學會未雨綢繆，或執著於過去。此外，只要接受一般教育，也會學到總是用「扣分法」來評價自己，去想

「我還不足以達到目標」（當然，為了在社會上生存，這也是不得已的事）。

但在斷捨離中，則是以「加分法」去找出好的地方，比如說：「雖然做不到的地方還有待加強，但我將書桌抽屜完美地斷捨離了，這一點我有自信！」

換個說法，就是變成「聰明的傻子」的生活方式。加分法的觀點，讓我們能夠朝「需要的時候，可以得到需要分量的需要之物」的自在更靠近一步。

只要住處的物品減少到最合適的量，開始新陳代謝，就一定能體認到你的內在與人際關係，亦即人生本身，也發生了好的流動、好的循環。你會發現肩膀不再緊繃，能夠自然地笑臉迎人，每一天都過得愉悅。

有人對我說，她在斷捨離的過程中，「插花技術變好了」。她說斷捨離培養了她審視整體空間的眼光，從中明白了如何安排花與枝葉，凸顯整體，對花材和花器的想像也變得明確，不再像過去那樣猶豫不決。

從昂貴華麗的花器花材，到樸實無華的雜器花草，知道在哪裡擺上哪些素材，就能得到什麼樣的效果。斷捨離讓美感變得更為敏銳、細膩了。

這就像是人際關係中，有些人擁有能解決問題的大局觀，同時又具備貼近幽微人心的觀點，能自由切換。斷捨離不僅能培養出俯瞰整體的眼光，也會提升觀察細節的精確度。

我用「**龍之眼（拉高視點）**」、「**蛇之眼（放低視點）**」來形容這樣的觀點，**只要同時具備這兩種觀點，人生的「亮度、彩度、輝度」就會大幅提升**。雖然並不容易，但我每天都懷著這樣的目標，努力求進步。

讓「資訊」變得愉悅

現代日本是資訊氾濫的社會。資訊不足固然令人困擾，但就和物品一樣，我們因為資訊過多而陷入混亂，這不是比缺乏資訊更可惜、更不幸的事嗎？而且資訊和物品不同，不會壓迫到空間，因此更必須小心謹慎。

思考資訊時，我心中總是謹記著瑜伽老師的教誨：「**勿信、勿疑、查證**。」即使是可疑的資訊，如果採取查證來源和根據的態度，就不會被牽著鼻子走。因為不分青紅皂白地相信或懷疑，都會造成錯誤。

但單獨一個人要進行查證，是有極限的。而且像是貼近生活的醫療和營養相關知識，也有許多個人無法判別的專門內容。這種時候，我會交給我認為「他說的話能夠信任」的朋友或專家來判斷。

《徒然草》有這樣一句話：

「良友有三：一、贈物之友。二、醫師。三、智慧之友。」

第二個「醫師」指的正是擁有專門知識的朋友，這也可以解釋為沒有真正互動往來，但透過書本或媒體、能由衷信任的專家。無論是以什麼樣的形式，**在資訊氾濫的社會裡要挑選出正確的資訊，一個能夠信任的對象是不可或缺的。**

但重要的是，即使那個人錯了，也不該責備他，而是理解「是我自己要相信的」。這也是建立良好人際關係不可或缺的感性。

最近常聽到「社群媒體斷捨離」這個詞。我們一方面「渴望與人聯繫」，但一連上社群媒體，又要面對「排山倒海的資訊（＝閒聊）」，有許多人為此苦惱不已。

這些在社群媒體漫天飛舞的「任意闖進來的資訊」，甚至會激發出根本不必要的欲望。臉書、推特、ＩＧ這類資訊工具，如果是有意識地用於交友聯繫，那是無妨；但要小心的是，我們總是很容易在不知不覺間被挑起欲望，變得想獲得根本不怎麼想要的東西，或是與根本不想交往的人聯繫，陷入想法、行動都偏離本意的狀況。

我們很容易掉進「沒有就麻煩了」、「沒有就會不安」的情緒，但就和物品一樣，我們與資訊之間也該保持足夠寬裕的距離，**「需要的時候，可以得到需要分量的需要資訊」**。我強烈地認為，這樣的心態才適合現今資訊氾濫的時代。

讓「時間」變得愉悅

許多人都把「沒空」掛在嘴邊。

這就像是站在爆滿的衣櫃前，埋怨「沒一件衣服可以穿」。要把空間「擠」到水洩不通，還是「塞滿」空間，或是綽有餘裕地「豐富」空間？這樣的觀點，也適用於時間。

斷捨離重視寬裕的空間，認為「豐富」時間的悠閒生活方式才是理想的。或許會有人好奇該怎麼做？一樣也用收納來想像。就是要珍惜每一項預定之間模糊的時間。

比方說通勤和移動的時間。這時可以暫時離開正在處理的工作或事情，放空看看窗外，打個盹，繼續讀看到一半的書等等。在每一項預定之間安插緩衝，就能讓心中生出不少餘裕。

泡澡也是悠閒的時間。最近有些人會把手機帶進去泡澡，或是忙著護膚等等，忽略了心靈放空泡澡的功效，這樣是不對的，應該要全神貫注在泡澡的感受。這些悠閒的時光，才能催生出柔軟的創意。

此外，經常遲到的人常被勸告要提前出發，愈不會掌控時間的人，愈常趕死線。我們常說解決之道，就是把約定的時間提前，其實可以把這提前的五分鐘，視為收納空間裡物品之間的空隙，把約定的時間和提前的五分鐘想成是「一組」。

距離寬裕的收納物品「易取用、易收放、美觀、清爽」，同樣的，**只要努力「從容不迫、充實地運用時間」，自然就會如同清風吹拂一般，處在呼吸順暢的感覺中**。只是一點心態上的小改變，就能讓每天過得更豐富。

但實際上行程緊繃、預定滿到不能再滿的人，或許會覺得這樣的發想太不切實際。而且依「自我軸」處理事情或工作也就罷了，還有許多人必須處理照護或育兒等「他人軸」的事務。對於這些人，斷捨離會提出這樣的問題：

「現在手頭上的預定和待辦事項，對你來說是需要、合適、舒服嗎？」

「有沒有哪些預定事項，其實只是你單方面地認為非做不可罷了？」

對於這類無形之物，「需要、合適、舒服」的提問非常管用。也許現在覺得那些「該做的事」是必要的，但如果忙過頭，把自己搞到崩潰，等於是得不償失。因此必須再次詳細審視有沒有什麼計畫其實是可以改變或取消，卻誤以為非做不可。

「那場會議、別人拜託的那件事，真的非你不可嗎？」

有許多事情意外地只是「惰性地持續在做」、「拒絕不了而答應下來」罷了。

讓「煩惱」變得愉悅

「煩惱」就像「心靈的雜物」。

但煩惱就和物品一樣，如果身陷其中，就很難客觀、俯瞰性地去審視。因此先將煩惱簡略地進行分類。如此一來，所有的「煩惱」都可以歸類為以下三種：

- **金錢**
- **健康**

●人際關係

你的煩惱屬於哪一類？其實這當中最根本的就是「人際關係」。

假設說，有人因為生病而住院。

這個時候，即使生病的直接原因是病毒或衰老，但讓病情變嚴重，或是阻礙病情好轉的主因，往往都是親子或夫妻等身邊的人際關係帶來的壓力。

此外，如果住院費用龐大而造成困難，即使直接原因是經濟匱乏，但也可以想成是因為沒有良好的人際關係，而無法獲得經濟援助。

像這樣把煩惱俯瞰化、抽象化，就能發現我們真的是為了人際關係而煩惱個沒完。

另一個重要的觀點是，有些人看似在煩惱，其實只是在「埋怨」、「想要引起注意」。這些人只是在牢騷不休，實際上安於現狀，根本沒有把煩惱當成「功課」，設法去解決。

比方說，部分抱怨「這裡痛」、「那裡麻」而成天逛醫院的長者，與其說是想要解決疼痛，更是把在醫院「發牢騷」、「抱怨」當成一種溝通方式。但本人毫無自覺。

我們真的能嘲笑這樣的長者嗎？其實這是每個人都很有可能會犯的、最無助於「解決煩惱」的模式。

那麼，斷捨離會如何處理「煩惱」？

斷捨離認為應該要改善自身的「煩惱體質」，而不是逐一去解決個別的煩惱。只要本身煩惱的狀態獲得改善，自然就不會再把那些煩惱視為煩惱了。

這該如何實踐才好？我從小就常為小事鑽牛角尖，但透過斷捨離，在日漸整頓好物品和空間的過程中，體會到自己已經擺脫了這樣的煩惱體質。

說到「煩惱」，一般都是對同一件事想個沒完，但現在我已不再針對問題的對象「煩惱」，而是轉為「思考」。也就是自然地學會去思考「解決」的頭緒。

煩惱的主體是我們自己，只要我們身處的空間環境得到改善，內在世界自然也會隨之好轉。丟掉多少不需要的東西，心靈就能澄淨多少——不管丟掉的東西有多小。

所以**如果覺得「啊，愈想愈心慌」，就應該進行斷捨離，把陷入煩惱的自己的「容器」，也就是「住處」這個空間做一番清理。**

身在亂糟糟的居家空間裡，煩惱一定會愈來愈深，所以一旦有了煩惱，**就打理居家環境。**乍看之下似乎風馬牛不相及，但其實這才是從根本解決煩惱的一大步。

讓「節省」變得愉悅

斷捨離最讓人誤會的就是過著「清貧的生活」。我不否定以最基本的物品，省吃儉用過日子的美德，但這並非斷捨離的目標。斷捨離最重要的，是先把多餘的物品全部清理出去，讓生活找回「流動」。

不要亂花錢當然比較好，如果有理想和目標，節儉也是好事，但我們是不是過度把注意力放在省錢上面了？也有許多人從未意識到如何有效運用金錢，以及用錢的目的，只是一頭熱地覺得「非節儉不可」。

其實節儉的對象可以大致分為以下三類：

- **金錢**
- **勞力**
- **時間**

希望大家都能養成同時把這三者拿來衡量的習慣。

比如說，購置洗碗機，需要花一筆錢，在有些人的家裡，也會造成讓廚房空間變得擁擠的問題。但是在思考每天洗碗的勞力與時間、電費和水費時，應該要多面向思考：

「好處和壞處，哪一樣比較大？」

「我真的喜歡洗碗嗎？」

像這樣找出自己的答案。

節儉和斷捨離的共通之處，可以說都是「減法的解決之道」，但斷捨離的目標不只是減少，更是追求「生活的愉悅」。是為了讓生活變得更好，而精簡化、最佳化的發想。為了讓生活過得愉悅，要選擇什麼、丟掉什麼？

以我個人為例，當我仍一個人低調地摸索斷捨離這套方法時，對搭乘新幹線設下了一個規則，那就是一定都坐綠色車廂（頭等車廂）。因為就像我反覆說明的，我把身在寬敞舒適的空間視為最有價值的事。

當時我還是個主婦，並非不在乎這筆錢，但我更看重讓移動的時間變得更豐富。

不受一般社會常識拘束，根據每個人的「需要、合適、舒服」，意識到自己的優先順位，刪去「多餘」，或是做出投資，這才是超越節省，符合每個人人生樣貌的「最佳化」。

讓「婚姻」變得愉悅

某本女性雜誌對讀者進行了一項問卷調查：「最想要斷捨離的東西是什麼？」沒想到答案最多的竟是「丈夫」。這個答案真的很令人遺憾，值得深思。

雖然不知道如果對男性進行相同的問卷調查，第一名是不是也是「妻子」，但是對妻子來說，讓她們想要放棄婚姻關係的原因到底是什麼？

我強烈地認為要理解這一點，必須重新整理一下「婚姻」這個概念。

我們所說的「婚姻」，有以下三種觀點：

- **精神性的婚姻**
- **動物性的婚姻**
- **社會性的婚姻**

「精神性的婚姻」，完全取決於對方是否與你心心相印、能在真正的意義上付出愛情。如果兩人是兩情相悅，無論在戶籍上是否已經登記，也能說已經締結了精神性的婚姻。

至於「動物性的婚姻」，人也是動物，這是指性方面的伴侶。我聽說有不少夫妻雖然在精神和社會方面都衝突不斷，卻因為肉體上的波長十分契合，所以難分難捨。

最後是「社會性的婚姻」。在戶籍上成為夫妻，是社會性婚姻重要的要素。女性的話，常說結婚對象的條件要「高收入、高學歷、高社會地位」、「長相英俊」等等，這些都只是與「社會性的婚姻」相關的條件，基準在於成為那個人的配偶，是否有助於提高社經地位、獲得肯定。此外，婚姻不光是個人的問題，也是家族之間的結合，因此「社會性的婚姻」比重自然會更高。

根據統計，有八成的日本人一輩子至少經歷過一次婚姻，但重新認識到婚姻的三個要素後，同時滿足這三個婚姻條件的夫妻，世界上到底有多少？

當然，應該也不是沒有如此得天獨厚的夫妻，但對大部分的人來說都很困難。這就是婚姻的現實吧。

然而我們卻對婚姻懷抱著如此強烈的嚮往，這又是為什麼？

結婚應該是「要不要」的問題，我卻看到許多女性在不知不覺間將它掉包為「能不能」的問題，自慚形穢。或許不論我們現在是否已婚，都處在「社會性婚姻」這把婚姻制度的「傘」下。

待在這把傘下讓人安心，但我們認定只要走出去一步，就會被大雨淋溼。實際上傘外經常是陽光普照，藍天舒爽。這把「傘」或許也可以替換為「日本的常識」。

譬如說，在法國，和伴侶住在一起，可以選擇「結婚」、「PACS（民事互助契約，一種民事連帶契約，在稅金和社會保障方面能得到與婚姻同等的保障）」，或是「同居（不受法律約束的關係）」。法國信奉戀愛至上主義，也就是「精神性的婚姻」，所以才會有這麼多的選擇吧。

那麼生活在日本的我們，應該如何看待婚姻才好？

- **踏入婚姻制度，把婚姻視為一切？**
- **利用婚姻制度，把婚姻視為人生規劃的一環？**
- **脫離婚姻制度，選擇超越婚姻、自由奔放的生活方式？**

提出這三項問題，便可以找到更好的定位，讓自己和「婚姻」建立起更好的關係。

不過，斷捨離最早起源於瑜伽思想，採取隨時反思既有觀念的立場。最憂慮的是，在無意識當中接納的觀念和價值觀，在不自覺之間束縛了自己。

有個方法可以覺察這一點，那就是出國旅行。

只要稍微走出傘下，應該就能發現，以婚姻觀為代表的各種常識和價值觀，其實只是日本一地的問題而已。出國以後，對於「日本人式的婚姻」觀念，或許就能找到更自在一點的定位，同時或許也能重新感受到在日本生活的優點。

瞭解到這些以後，仍要挑戰婚姻這場「冒險」的話，重要的是就和住處一樣，必須每天維護、維持「夫妻」關係。沒錯，**重要的是維護。也就是透過每天的家事來滋養、表達愛情。**

讓「家事」變得愉悅

打掃、洗衣、煮飯、收拾……家事包羅萬象。

這個角色主要由女性負責，但現在舉國上下，都鼓勵男性參與家事及育兒。

說起來，家事到底是什麼？家事原本是「**養育生命的重要工作**」，絕對不是「家務勞動」，也不是能換算成時薪來衡量價值的作業。同時，家事不只是為了家人，也是為了自己。

像這樣一想，**家事就像是家庭裡面的新陳代謝**，不是嗎？

說「做家事很麻煩」的人，就像在說「為了生存的新陳代謝很麻煩」。那麼，為什麼我們會覺得做家事很麻煩？

以前的我也稱不上喜歡做家事。答案很清楚，因為當時家裡的東西太多了。東西多，就必須付出煩雜的勞力，「麻煩」的感覺自然擺脫不掉。

但**如果是全部都以精選的物品構成的空間，我們就不會吝於付出時間和勞力，連打掃、洗衣、煮飯等工作都會變得愉悅**。

愈是覺得做家事麻煩的人，「精選物品＝節省勞力」，才是「享受家事＝愉悅生活」的最佳捷徑。

讓「終活」變得愉悅

臨終筆記、生前整理……終活（為臨終做準備的活動）蔚為風潮，已有一段時間。

終活這個詞就彷彿後期高齡者的專利名詞。

我本身看過許多高齡者的遺物整理現場，深刻感受到「我們懷抱著太多有形無形『未處理好的事物』，就這樣永別人世」。

我絲毫不打算否定這件事，只是有些質疑，真的要等到步入老年了，再開始想到「終活」這回事嗎？

這時我想起癌症臨終照護醫師的一段話：

「以某個意義來說，死於癌症是幸福的。

因為癌症不像心臟病發作或腦中風，會突然死去。

可以在迎接死亡之前，在體力所及的範圍內去做想做的事。

可以在迎接死亡之前，盡全力去活。」

我深為同意，但遺憾的是，事實上我們還是有可能突然撒手人寰。

而且不一定是等到年老之後才迎接死亡。儘管「人生總是伴隨著後悔」，但我認為努力活得不留下後悔，這本身是否就是「終活」？

說到終活，我們容易把注意力放在遺產的生前贈與、規劃葬禮和埋葬這些顯眼的事，但是在每天的生活當中，做好每一個小細節的心態更重要。

我們需要的是「活在當下每一刻」的生活態度，而不是「為了以後的某一天而活」。

如果櫥櫃、衣櫃裡面塞滿了各種物品，不管再怎麼努力進行終活，也等於是帶著不悅死去。

不分年齡，不論健康或生病，如何才能愉悅地、全心全意地活在「當下」？每個人都能夠做到的，就是逐步處理掉住處的雜物。

我們的終活，就從塞滿櫃子的遺忘物品／執著物品的斷捨離開始。

「以不遷居的搬家」遇到全新的自己

斷捨離有兩種。

一種是**歸零的斷捨離**。

從物品氾濫的狀態，將物品精簡到「需要、合適、舒服」的程度。

這是與大量的遺忘物品和執著物品的戰鬥，會消耗心力和體力。必須設立目標，像是「今天要清理冰箱！」，付出某程度的努力。

另一種則是**維護的斷捨離**。

這是物品已經精簡到一定程度的階段，為了維持這種狀態，隨時將住處的「汙垢」清除出去。進入維護階段以後，就不需要努力了，反而是處在「斷捨離真舒暢」的境界。

就像身體每天代謝一樣，住處也會不斷地代謝，這也是有單位的：

「一天」、「一星期」、「一個月」、「季節」、「半年」、「一年」。

譬如說，一般我們會在春夏進行衣物換季，這時候清出來的衣物，就是依「季節」單位清出來的不再需要的物品。在我們家，會在年底把毛巾類全部換新，這就是以「一年」為單位清出的不需要的物品。

當然，也有以「一日」為單位清出的物品，但大多數的人就是懶得丟，才必須在年底的大掃除搞得人仰馬翻。

我們家沒有這樣的大掃除。因為我會讓每一天重新歸零，清除掉「一天」單位製造的不需要的物品，所以大掃除只需要「掃、擦、刷」（八十九頁）就能結束了。

許多人現在或許還在「歸零的斷捨離」的階段，但**斷捨離的真諦，其實要在「維護的斷捨離」才會發揮**。因為：

- **與物品的關係會變得愉悅、舒適**
- **物品不再是麻煩，而是助力**
- **得到讓人想要深呼吸的清爽，空間也會成為助力**

到了這個境界，即使有些凌亂，也能從容不迫地想：「沒關係，反正很快就能恢復原狀。」

常聽到「要養成收拾的習慣」，但斷捨離比起「養成習慣」，更像是「**自然狀態**」。**藉由「歸零的斷捨離」徹底做到「清出」，接下來便會自然地進入讓住家回歸舒適狀態的循環。**

- **因為「清出」就是回到理所當然的生命活動**
- **因為「清出」就是回歸自然**

對許多人來說，斷捨離就只是「歸零的斷捨離」，是有意識地不斷「清出」。我常提醒正準備開始進行這種斷捨離的人說：「**斷捨離就是『不遷居的搬家』**。」

瞭解意思嗎？就是雖然身在相同的空間、住在相同的住處，卻彷彿搬家一樣，重點在於讓居住空間和自己出現改頭換面的變化。

當然，可以選擇在黃金週連假或暑假等長假的時候進行。或不必等長假，覺得想要動手了，那就是最好的時機。打造居住空間，讓自己的人生再次找回光采。有許多人懷著這樣的願景，孜孜不倦地找出餘暇，努力進行斷捨離。

不是充滿徒勞感的「收拾」，而是**藉由讓空間次元提升般的「不遷居的搬家」，讓同一個住處的景象煥然一新，遇見全新的自己。**

需要的物品，一定能在需要的時候得到

我常在採訪和講座上被問到：「有沒有因為把東西丟掉而遇到困擾過？」對於這個問題，我總是這麼回答：

「請實際丟掉，體驗那種困擾吧。」

進行斷捨離的過程中，也是會發生因為把東西丟掉而遇到困擾的狀況。但我不會去深思那會是多嚴重的「困擾」，因為那遠遠不及由於積存過多的執著物品而帶來的負面影響。

- **是「現在」的自己，在假設「丟掉了會困擾」**
- **「因為丟掉而困擾」，就像是一種壓力測試**

我將些許負荷視為建立自信心的過程。對於總是活在想要對一切未雨綢繆的人來說，或許會覺得這樣的思考很極端，但凡事都是如此，我們唯有透過失敗，才能真正學到教訓。

事實上，實行斷捨離以後，比起「因為丟掉而困擾」，「因為丟掉雜物，找回人生光輝」的人更要太多了。即使暫時會覺得麻煩，只要以「加分法」積極去享受，持續斷捨離，就會湧出「唉，何必計較這麼多！」的樂天心情。

然後不知不覺間，「沒有就發揮創意來彌補」、「不必保管在家裡，也能隨時得到需要的物品」、「想要的時候，朋友剛好送給我」等等，「沒有也無所謂」的狀況會愈來愈多，建立起「**需要的物品，一定能在需要的時候得到**」的自信，鍛鍊出自在、快活地度過人生的「肌力」。

找回「呼吸空間」，就能開開心心

來到所有物品都經過精挑細選並維護得宜的場所，許多人都會說「覺得空間很輕盈」、「呼吸特別順暢」、「忍不住想深呼吸」。

我們在學校學到「呼吸就是氧氣和二氧化碳的進出」，但如果呼吸只是這樣的動作，**為什麼待在充滿物品的空間裡，就會感到「呼吸窒息」**？明明又不是空氣真的堵住了。

就像前面提到的，斷捨離的根源是瑜伽。瑜伽十分重視呼吸，其實瑜伽對呼吸的觀點，就隱藏著斷捨離的真髓。

呼吸中首重「吐氣」。「呼」就是「吐氣」，在「吸氣」之前進行，所以叫做「呼吸」。先從捨棄混濁的空氣開始做起。**呼吸也叫「調息」，是在無意識與有意識間進行，就像一種「連結」無意識與有意識之間的行為**。實際上，從生理學的角度來看，呼吸雖然同心臟跳動，是在無意識中由自律神經系統控制，卻也是唯一能以意識來控制的生理機能。而「瑜伽」的語源在梵語中意味著「連結」；換言之，呼吸一詞甚至可以說就是指稱瑜伽本身。

那麼，什麼是「連結」？

比方說，牛和馬如果處於自然狀態，就會自由走動，吃草而活，但這種狀態無法對人類有所貢獻。但如果將牛馬和鋤具或車子「連結」在一起，就能變成對人類有用的狀態。也就是說，「連結」可以賦予牛馬新的價值。

瑜伽，也就是呼吸，它的目標就在於「連結」。

即使只是順從本能胡亂呼吸，也無法創造出調和的新價值。物品和呼吸一樣，有進有出，故也適用這個觀點。如果只是順從過度的欲望，不停納入物品，是無法生出有用的價值的。

因此如果**要進行有品質的「呼吸」，首先必須吐氣**。在生理學當中，有意識地深深吐氣，就能提高內臟功能，喚醒「生存本能」。

在斷捨離當中是這樣描述的：

「吐氣」是「自力」的行動。

或許也可以說是對生命進行宣告。如果能徹底有意識地「吐氣（＝出）」，就能很自然地「吸氣」，湧出得到支持的力氣，亦即進入「他力」的境界。

所以物品也要**清出、清出再清出**。

透過這樣做，就會逐漸取回「生命的機制」。會超越「外觀整潔的住處」，生活方式全面得到改變。

你的住處現在是「呼吸空間」嗎？

還是你身在充斥著物品、壅塞不堪的居住空間裡老是「嘆氣」？

是否埋怨無法徹底打掃，灰塵飛揚、黴菌叢生的房間令人「窒息」？

是否為了物品和家人爭吵，最後覺得「嘔氣」？

為了活得快樂，必須找回健全的「呼吸空間」。

以下的例子，是透過斷捨離找回原本的「呼吸空間」的實例。

經驗談 12

不斷地清出，體會到「快樂生活」

和半身不遂的丈夫住在一起的由利子女士（假名），三年前接觸到斷捨離。

她對斷捨離愈來愈感興趣，某天正準備把食品庫徹底斷捨離的時候，一打開冰箱，發現居然沒電，故障了。因此她把食品幾乎全部丟掉，趁此機會換了一臺尺寸更小的冰箱。這就是她的第一步。

接下來除了不需要的碗盤以外，她還把原本有三個的餐櫥櫃丟掉了兩個。結果廚房變得寬敞許多，動線更通暢了。

此外，原本她為了行動不便的丈夫，把常用的物品放在他的周圍，或是讓他可以坐在輪椅上移動，但空間變得寬敞之後，開始覺得這樣似乎不太對。她希望丈夫可以自由活動，讓他可以完全不移動就解決所有的需求，是否對他反而不好？她如此反思。

當時，二女兒每隔兩、三天就會帶孫子回娘家，每次回來都發現家裡變得不一樣，驚訝極了。由利子女士認為寢具保留兩名訪客的量就夠了，衣物也重新檢視，處理掉一整個衣櫃的量。

「開始清理物品後，連原本以為丟不掉的東西，看起來都像雜物了。」由利子女士說。她把原本打算留著放到網拍賣掉的「內疚的證物」都乾脆地丟掉，爽快無比。但唯獨書本，直到最後還是無法丟掉。連幾萬圓日幣的壺都丟掉了，卻無法丟掉一本一千五百圓日幣的書，覺得與其丟掉，倒不如變賣。這些書就這樣積累長達三十年。最後她把一半的書捐給了圖書館。

由利子女士說自己「還在斷捨離的路上」，但生活的舒適程度已大幅提升。「一走進玄關，空氣就截然不同」、「呼吸順暢」，從許久回一次娘家的大女兒的感想，也能看出家中變化之大。此外，還有許多因為斷捨離而發生的變化：

- 丈夫變得積極復健
- 女兒們回娘家，會把東西確實收拾好再走
- 打掃變輕鬆了
- 流理臺和餐桌上只有最基本的物品，沒有任何不需要的東西
- 任何時候有客人來訪都沒關係，冰箱開給別人看也沒問題
- 會期待回到家
- 原本是為了招財而掃廁所，現在讓廁所維持清潔本身成了目的
- 體重也慢慢減輕了

由利子女士現在切實地感受到「以斷捨離過著快樂的生活」。

徹底珍惜現在擁有的人、事、物

以前有一位身兼僧侶的宗教學家如此形容斷捨離：

「每個人總有一天都一定會失去珍惜的事物，
但關鍵時刻，要放手非常困難。
每天進行捨的練習，
才能接受最大的苦惱——老、病以及死。」

「說到底，斷捨離就是在練習接受自己和重要的人的死亡。」我認為這很像佛法專家的解釋。因為我們的死亡率是百分之百，死亡是我們最後要面對的肉體斷捨離，所有的人都不可能避免。

我在「終活」的項目（二一二頁）也提到，無論平日是否意識到，我們每一天都在朝死亡一步步邁進。因此以某個意義來說，或許每天都是終活，而斷捨離就是一種終活。

如果有一天將要迎接「死亡」，那麼為了快活地活在當下的人生，放掉身邊的「執著」，也就是「清出」，是不可或缺的。這是斷捨離的立場。

但另一方面，也有完全相反的價值觀。

- **清出、捨去、放手**
- **納入、拾起、擁有**

當然，兩邊都是必要的。因為有這兩者，才能進行「新陳代謝」。

但追根究柢地想，所有的一切都是向地球暫時借來的罷了。那麼站在地球的角度，我們以為買來、要來的東西屬於自己，或許只是一種誤會。

「擁有」說穿了只是我們一廂情願的想法，只不過是人類社會的規則。**如果說物品是暫時借來的，擁有物品，只是剪下物質悠久流動過程中的一小部分，那麼我希望我們能夠珍惜這短暫的相遇。然後當這段緣分結束時，可以果斷地放手。**

這對所有的人、事、物，都是一樣的。

我在精簡物品的過程中，心中慢慢地滋長出這樣的意識。

物品愈多，我們待它們就愈草率；相對地，**物品愈精簡，就愈會萌生出珍惜當下在此處之物的精神**。我也是每天都體會著重視每一樣「人、事、物」的感受。

平時很容易忘記這件事，但我們的生命是有限的，時間和空間也是有限的，能夠運用的精力也有限。所以我們才更需要斷捨離。

持續追求「出」的美學

雖然不是因為「熵增加原理」（事物會從井然有序的狀態朝混亂狀態發展），但是不想丟掉東西、想要得到並增加擁有物，這樣的渴望應該是基於人類的本能。

確實，有些生活方式偏好不斷地增加知識、資訊和物品，在過去的時代，也曾經鼓勵這樣的消費生活。當然，如果是自己喜歡而選擇的話，完全不需要去否定，但如果旅行投宿的飯店房間塞滿了雜物，有辦法愜意地在裡面休息嗎？

應該沒人「樂意」吧。除非我們的感情嚴重麻木，否則應該都會覺得清爽的房間比較舒適。也就是說，**「想要待在美好的空間」的欲望才是本能，才是「生命愉悅」的狀態。**

這是非常單純的事實，然而現代社會有太多的觀念和價值觀摻雜不清，能提供自己和家人這種讓生命本能感到舒適愜意的居家環境的人，似乎並不多。

從這個意義來說，**斷捨離是為了找回生命的喜悅而存在，不過習慣「清出」以後，清出的行動就會變得愈來愈洗練。**

以日常小事來舉例的話，像是如果物品變得精簡，平常丟出去的垃圾的量也會減少，就連丟垃圾的形態都會遠離雜亂。

此外，清出物品的時候，也能輕鬆地做到捐贈或回收等行動，而且還能去思考對自己和對方都最好的方式。會超越「清爽、洗練生活」的層次，朝向更美麗、更有美感的「空白」達人、人生達人的領域邁進。除了得到生命的喜悅，也能進入與空間對話、充滿美感而洗練的領域。

斷捨離就是藉由有意識地「清出」，讓物品、空間、自我變得洗練，活在「當下、此處、我」的「美學」。

後記

這八年之間，我不斷地闡述「斷捨離」。

這八年之間，我不斷地宣揚「斷捨離」。

沒錯，自從八年前推出第一本著作《斷捨離》以後，我比以前更努力地每天實踐斷捨離。

現在，我的「斷捨離」不只在日本，在全世界，如亞洲、歐洲、美國，都催生出幾乎數不盡的實踐者。

仔細想想，這或許是難以置信的事。「斷捨離」原本只是我個人的一套「生活哲學」，距今十七年前，二〇〇一年九月，我第一次將它告訴別人。在我家的飯廳，圍著細長的餐桌，只有少少的八名學員，這就是起步。在那之前的二十三年之間，我沒有任何夥伴，一個人只為了自己，不斷地摸索嘗試「斷捨離」。不，事實上或許遠遠不到摸索，完全只是在胡亂衝撞。

但是在忐忑不安地提出「斷捨離」概念的十七年前，我也有著一股奇妙的確信。我毫無根據地確信「斷捨離會改變世界」。這真的是沒有道理的確信，如果說只是妄想，真的就是如此，我也只能點頭同意。但更奇妙的是，當時的學員聽到我這番分不出是玩笑還是認真的話，卻沒有一個人笑我。

儘管我從一開始就對「斷捨離」抱持著這樣的確信，但若問十七年前最重要的我對自己是否自信滿滿，答案是否定的。事實上，當年的我缺乏自我肯定，自我評價極低。

儘管如此自信缺缺，後來我的「斷捨離」反而從深入實踐和覺察的人身上得到許多的養分，成長茁壯。然後，有人多次來聽講、帶朋友來聽講，想要讓家人也認識斷捨離，邀請我到各地去推廣。

就這樣，我開始在各地飛來飛去，舉辦講座，這帶來了出版的機緣，不只是在日本，《斷捨離》在臺灣、中國和歐洲各國都成了暢銷書，現在我受邀去海外演講、受訪的機會也增加了。

沒錯，我的人生出現了天翻地覆的變化，巨大到無法想像。我甚至忘了過去的我缺乏自我肯定，曾為了沒有自信而憂慮。如此看來，我所生下的「斷捨離」可以說是個非常孝順的孩子。因為他把我這個母親帶到了日本各地、世界各國，並且帶我認識了以前絕不會有機會見到的卓越人士，結為朋友。

不過，不容否認，這個「斷捨離」也是個浪蕩子。他在各地乘著媒體四處旅行，引發了種種誤解，並散播誤解。當然，這也是無可奈何的事。在宣傳新的價值觀時，理所當然會遭遇反抗。此外，被接收者本身的濾鏡所模糊、扭曲，也是很自然的事。更何況「斷捨離」這三個字實在太鏗鏘有力了。

因此我刻意選擇了把「斷捨離」做為「日常的新『整理術』」提供給大眾。因為我認為如果是真正具備深刻哲學性的詞彙，落實到每一天的生活當中，才有意義。

儘管這也帶來了讓「斷捨離」被視為單純的「整理術」的危險……但有幾十萬、幾百萬的人因此能從「整理」入門，登上通往人生更高境界的斷捨離螺旋階梯。

以前只為了我一個人而存在的生活哲學「斷捨離」，進化為我的「生活方式的實踐哲學」，同時又更進一步進化為任何人都能夠實踐的「改變人生的斷捨離」、「**美學**」。

這是很值得感謝的事。

透過本書，我讓總是在進行新陳代謝的「有生命的斷捨離」重返原點，對於能夠將它傳達給各位讀者，感到無比的喜悅。

山下英子

斷捨離
心得筆記

斷捨離

心得筆記

斷捨離
心得筆記

斷捨離
心得筆記

斷捨離

心得筆記

國家圖書館出版品預行編目資料

新・斷捨離 / 山下英子著；王華懋譯. -- 初版. -- 臺北市
: 平安文化, 2020.10
面；　公分. -- (平安叢書；第661種)(Upward；112)
譯自：人生を変える 断捨離
ISBN 978-957-9314-70-1(平裝)

1.應用心理學 2.成功法 3.生活指導

177.2　　　　　　　　　　　　　　109012099

平安叢書第0661種
UPWARD 112

新・斷捨離

人生を変える 断捨離

作　　者—山下英子
譯　　者—王華懋
發 行 人—平雲
出版發行—平安文化有限公司
台北市敦化北路120巷50號
電話◎02-27168888
郵撥帳號◎18420815號
皇冠出版社(香港)有限公司
香港銅鑼灣道180號百樂商業中心
19字樓1903室
電話◎2529-1778　傳真◎2527-0904
總 編 輯—許婷婷
美術設計—黃馨慧
著作完成日期—2018年
初版一刷日期—2020年10月
初版五刷日期—2022年01月
法律顧問—王惠光律師

讀者服務傳真專線◎02-27150507
電腦編號◎425112
ISBN◎978-957-9314-70-1
Printed in Taiwan
本書定價◎新台幣320元/港幣107元